한권 한달 완성
이탈리아어 말하기
Lv. 2

한권 한달 완성
이탈리아어 말하기 Lv. 2

초판 1쇄 발행 2024년 4월 26일

지은이 양혜경
펴낸곳 (주)에스제이더블유인터내셔널
펴낸이 양홍걸 이시원

홈페이지 www.siwonschool.com
주소 서울시 영등포구 영신로 166 시원스쿨
교재 구입 문의 02)2014-8151
고객센터 02)6409-0878

ISBN 979-11-6150-841-2 13780
Number 1-561212-26269921-09

한권 한달 완성
이탈리아어 말하기 Lv. 2

양혜경(플로리쌤) 지음

S 시원스쿨닷컴

Buongiorno a tutti!

여러분 안녕하세요!

플로리쌤과 함께하는 〈한권 한달 완성 이탈리아어 말하기〉 시리즈가 참으로 기대되지 않습니까?

이탈리아와 한국 두 나라의 공식적인 교류는 조선시대 말기에 시작되었습니다. 1884년 조이수호 통상조약을 통해 조선과 이탈리아 왕국 사이의 국교가 수립되었고, 본 교재가 출간된 2024년은 한–이 수교 140주년을 맞는 아주 뜻깊은 해이기도 합니다.

일반적으로 이탈리아를 패션, 슈퍼카, 명품, 미식, 와인, 커피의 나라로 알고 있지만, 실제로 이탈리아는 이보다 훨씬 다양한 분야에서 놀라운 저력을 보여주고 있습니다. 이탈리아는 전 세계 5위의 슈퍼컴퓨터를 보유하고 있어 유럽 전역의 기상을 예측할 수 있는 시스템을 운영하며, 또한 우주항공, 중장비 제조와 같은 첨단 산업 분야에서 세계적인 수준을 자랑합니다.

이렇게 이탈리아는 무궁무진한 매력을 가지고 있으며, 가볍게는 매력적인 여행지로부터 진중하게는 비즈니스 파트너로까지 많은 가능성을 보여주는 나라입니다. 이토록 이탈리아는 한국과 오랜 교류의 역사를 가지고 있고 산업과 무역 측면에서도 밀접하게 연관되어 있지만 국내에서 이탈리아어를 배울 수 있는 기회는 제한적이었습니다. 이에 10년 이상의 강의와 통번역 경험을 바탕으로 아주 생생하고 필수적인 표현만을 담아낸 입문 교재 〈한권 한달 완성 이탈리아어 말하기 Lv. 1, 2〉를 집필하게 되었습니다.

본 교재는 왕초보 학습자의 눈높이에 맞추어 현지에서 자주 사용되는 단어와 표현들로 쉽게 구성되었습니다. 또한 시원스쿨에서 유료로 제공되는 〈플로리쌤의 이탈리아어 왕초보 탈출〉 강의를 활용하여 더욱 쉽고, 빠르고, 즐겁게 이탈리아어의 첫걸음을 내디뎌 보시기 바랍니다.

〈한권 한달 완성 이탈리아어 말하기〉 시리즈와 함께 'piano piano(조금씩 천천히)' 가다 보면 어느새 여러분의 입에서 이탈리아어가 술술 나오게 될 것입니다. 성공적인 이탈리아어 학습을 위해, 저 플로리쌤과 시원스쿨 이탈리아어가 여러분을 도와드리겠습니다.

2024년
저자 플로리쌤 (양혜경)

Buongiorno a tutti!

Non vedete l'ora di iniziare <Parlare Italiano in Un Mese con Un Solo Libro> con la professoressa Flory, vero?

Le relazioni tra Italia e Corea risalgono al 1884, anno in cui il Trattato di Amicizia e Commercio Corea-Italia stabilì i legami diplomatici tra il Regno di Joseon e l'Italia. Il 2024, anno di pubblicazione di questo libro, segna il 140° anniversario di questa storica relazione.

Spesso associamo l'Italia alla moda, alle supercar, ai marchi di lusso, alla gastronomia, al vino e al caffè, ma in realtà il paese offre molto di più. Possiede il quinto supercomputer al mondo e un sistema in grado di prevedere il clima in tutta Europa. Inoltre, si distingue a livello globale in settori quali l'aerospaziale, i macchinari pesanti e le industrie avanzate.

L'attrattiva dell'Italia è infinita e offre molte opportunità, sia per viaggi di piacere che per partnership commerciali. Nonostante questa stretta connessione storica e commerciale, le opportunità di imparare l'italiano sono limitate. Pertanto, con oltre dieci anni di esperienza nell'insegnamento e nell'interpretazione, ho cercato di presentare espressioni che sono davvero utilizzate in Italia e adatte al livello dei principianti nei volumi 1 e 2 di <Parlare Italiano in Un Mese con Un Solo Libro>.

Ho organizzato il testo e le lezioni online di <Il Grande Escape per Principianti di Italiano> in modo da rendere l'apprendimento dell'italiano facile e coinvolgente, con termini e frasi adatti al livello dei principianti. Con questo corso, imparerete l'italiano in modo divertente e presto sarete in grado di utilizzarlo fluentemente.

Con <Parlare Italiano in Un Mese con Un Solo Libro>, 'piano piano' vedrete che l'italiano scorrerà dalle vostre labbra senza sforzo. Per un apprendimento di successo della lingua italiana, io, la professoressa Flory e la Siwon School Italiano saremo qui per aiutarvi.

2024

Floriana Yang

이 책의 구성

오늘의 표현

일상생활에서 자주 쓰이는 표현을 익히고 어휘 기초를 탄탄하게 쌓는 코너입니다. 먼저 대화문 카툰에서 각 Lezione의 미션 문장을 눈으로 읽고, 준비 단어에서 필수 단어의 발음과 뜻을 확인해 보세요.

오늘의 문형

이탈리아어 문법, 어렵지 않아요! 보기 쉽게 정리된 표로 꼭 알아야 할 문법만 알려드립니다. 다양한 응용 예문을 따라 읽다 보면 어느새 이탈리아어 기초 문형을 마스터하게 될 거예요. 저자의 이탈리아어 공부 노하우를 담은 Flory's Tip! 코너도 놓치지 마세요.

오늘의 회화

실제 대화 상황에 대비할 수 있도록 각 Lezione의 주요 문형으로 다양한 회화문을 구성하였습니다. 네이티브 성우가 녹음한 MP3를 듣고, 자연스러운 회화 톤을 살려 말하는 연습을 해보세요. 한마디 plus+에서 생생한 현지 이탈리아어 표현을 추가로 배워 보세요.

연습 문제

각 Lezione에서 다룬 핵심 어휘와 문형에 대한 이해도를 점검하는 연습 문제를 제공합니다. 제시된 문제에 적절한 답을 찾는 과정을 통해 이탈리아어로 생각하는 힘을 길러 보세요.

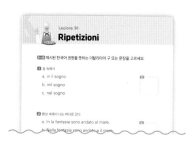

Ripetizioni

앞선 Lezione에서 공부한 주요 표현을 최종적으로 점검할 수 있도록 구성한 복습 코너입니다. 선다형 문제와 응용 회화 문제를 통해 스스로 얼마나 완벽하게 학습 내용을 이해했는지 확인해 보세요.

이탈리아 문화 돋보기

치즈, 커피, 파스타와 같이 이탈리아를 대표하는 식문화를 비롯하여 특색 있는 지역별 관광명소 등 다양한 현지 정보와 문화 꿀팁을 만나 보세요.

미션 문장 쓰기 노트, 필수 어휘 변화표

본 교재에서 다룬 미션 문장과 필수 어휘를 익혀 보세요. 명사와 형용사는 성과 수에 따른 변화 형태를 정리하였고, 동사의 경우 직설법 현재, 반과거, 단순미래, 과거분사 형태까지 수록하였습니다.

단어, 예문, 회화문 무료 MP3 파일

외국어 학습에 있어 많이 듣고 따라하기는 매우 중요합니다. 본 교재는 단어, 예문, 회화문의 MP3파일을 제공합니다. 원어민 전문 성우의 정확한 발음을 듣고 따라하며 반복 연습해 보세요.

저자 직강 동영상 강의

독학을 위한 유료 동영상 강의를 제공합니다. 각 Lezione의 핵심 내용을 쉽고 간결하게 설명합니다. 동영상 강의는 https://italy.siwonschool.com/에서 확인하세요.

차례

🍊 핵심 동사 essere와 avere

🎧 MP3 00-01

essere와 avere 동사는 완료시제에서 과거 행위나 상황이 완료되었음을 의미하는 조동사로 사용되기 도 합니다.

essere: ~이다, ~에 있다

Io	sono	Noi	siamo
Tu	sei	Voi	siete
Lui/Lei/Lei	è	Loro	sono

Sono Mario.	나는 마리오야.
Sono Francesca.	나는 프란체스카야.
Sei gentile.	너는 친절하구나.
Siete dolci.	너희는 상냥해.
Siamo dei ballerini.	우리는 발레리노들이야.
Loro sono delle impiegate.	그녀들은 회사원들이야.

avere: 가지다

Io	ho	Noi	abbiamo
Tu	hai	Voi	avete
Lui/Lei/Lei	ha	Loro	hanno

Quanti anni hai?	너는 몇 살이니?
Ho 25(venticinque) anni.	나는 25살이야.
Quanti anni avete?	너희는 몇 살이니?
Abbiamo 30(trenta) anni.	우리는 30살이야.

*Flory's Tip 이탈리아어에서는 동사의 변화된 모습을 통해 주어를 유추할 수 있기 때문에 보통 주어를 생략하고 말합니다. 단, 주어가 3인칭 일반명사일 때에는 혼란을 피하기 위해 주어를 명시하는 것이 좋습니다.

예 루치아는 회사원이야. Lucia è un'impiegata.

이것? 저것?: 정관사, 지시형용사, 지시대명사 🎧 MP3 00-02

정관사

정관사는 특정한 것, 보편적인 것을 의미할 때나, 상대방과 나 사이에 정의된 것을 언급할 때 사용됩니다. 정관사는 꾸며주는 명사의 성과 수에 따라 다음과 같이 변화합니다.

	남성 단수	남성 복수	여성 단수	여성 복수
(s+자음), (ps), (gn), (z)로 시작하는 남성 단수 명사 앞	il	i	la	le
	lo	gli		
	l'		l'	

모음으로 시작하는 단수 명사 앞

Lo zucchero è dolce.	설탕은 달콤해요.
L'amico è bravo.	그 (남)친구는 훌륭해요.
Gli studenti sono bravi.	그 학생들은 훌륭해요.
La casa è grande.	그 집은 크네요.
L'amica ha fame.	그 (여)친구는 배가 고프다.
Le amiche hanno fame.	그 (여)친구들은 배가 고프다.

questo는 영어의 this, quello는 영어의 that과 같은 의미를 지닌 지시형용사 겸 지시대명사입니다.

> questo 이~, 이것의 / 이것, 이 사람
> quello 저~, 저것의 / 저것, 저 사람

• 지시형용사 겸 지시대명사 questo는 -o로 끝나는 형용사와 같이 변화합니다.

남성 단수	남성 복수	여성 단수	여성 복수
questo	questi	questa	queste

Questo formaggio è buono.   이 치즈는 맛있어요.

Questo è buono.   이것은 맛있어요.

Questi formaggi sono buoni.   이 치즈들은 맛있어요.

Questi sono buoni.   이것들은 맛있어요.

Questa casa è piccola.   이 집은 작네요.

Questa è piccola.   이것은 작네요.

Queste case sono piccole.   이 집들은 작네요.

Queste sono piccole.   이것들은 작네요.

- 지시형용사(저~, 저것의)로 쓰인 quello는 정관사처럼 변화합니다.

남성 단수	남성 복수	여성 단수	여성 복수
quel	quei	quella quell'	quelle
quello quell'	quegli		

Quel formaggio è buono.　　　저 치즈는 맛있어요.
Quei formaggi sono buoni.　　저 치즈들은 맛있어요.
Quell'aglio è piccante.　　　　저 마늘은 매워요.

Quella casa è piccola.　　　　저 집은 작네요.
Quelle case sono piccole.　　저 집들은 작네요.

- 지시대명사(저것, 저 사람)로 쓰인 quello는 -o로 끝나는 형용사와 같이 변화합니다.

남성 단수	남성 복수	여성 단수	여성 복수
quello	quelli	quella	quelle

Quello è piccante.　　　　저것은 매워요.
Quelli sono buoni.　　　　저것들은 맛있어요
Quella è piccola.　　　　　저것은 작네요.
Quelle sono piccole.　　　저것들은 작네요.

🍅 의문사: 물어보는 말들

🎧 MP3 00-03

질문할 때 쓸 수 있는 다양한 의문사를 알아봅시다.

che cosa che / cosa	무엇, 무슨, 뭐	come	어떻게
dove	어디	quando	언제
chi	누구	perché	왜, 왜냐하면

Che cosa **fai domani?**	너 내일 뭐 해?
Dove **abiti?**	너는 어디 사니?
Chi **è questa?**	이 분은 누구셔?
Come **stai?**	어떻게 지내?
Quando **parti?**	너는 언제 떠나?
Perché **studi l'italiano?**	왜 이탈리어를 공부하니?

quanto와 quale는 는 의문형용사입니다. 즉, quanto는 꾸며주는 명사의 성과 수에 따라, quale는 수에 따라서 다음과 같이 변화합니다.

		단수	복수
quanto	얼마나, 얼만큼의	quanto	quanti
		quanta	quante
quale	어떤, 무슨	quale	quali

Quanto coasta questo pane?   이 빵은 얼마입니까?

Quanti anni hai?   너는 몇 살이니?

Quale libro è il tuo?   어떤 책이 너의 것이니?

Quali sono i tuoi hobby?   너의 취미가 뭐니?

 숫자 완전 정복!

🎧 MP3 00-04

숫자 1~9

i numeri 숫자들		5	cinque
1	uno	6	sei
2	due	7	sette
3	tre	8	otto
4	quattro	9	nove

숫자 10~19

숫자 11~19의 이름은 숫자 10을 의미하는 dieci와 1부터 9까지 각 한 자리 수의 명칭을 조합하고 발음하기 쉽게 바꾼 형태로 만들어졌습니다.

10	dieci	15	quindici
11	undici	16	sedici
12	dodici	17	diciassette
13	tredici	18	diciotto
14	quattordici	19	diciannove

숫자 20~29

숫자 21~29의 이름은 숫자 20을 의미하는 venti 와 1부터 9까지 각 한 자리 수의 명칭이 조합된 형태를 띕니다.

20	venti	25	venticinque
21	ventuno	26	ventisei
22	ventidue	27	ventisette
23	ventitré	28	ventotto
24	ventiquattro	29	ventinove

숫자 31~39의 이름은 숫자 30을 의미하는 trenta 와 1부터 9까지 각 한 자리 수의 명칭이 조합된 형태를 띕니다.

30	**trenta**	35	trenta**cinque**
31	trent**uno**	36	trenta**sei**
32	trenta**due**	37	trenta**sette**
33	trenta**tré**	38	trent**otto**
34	trenta**quattro**	39	trenta**nove**

그 밖에도 1부터 9까지 각 한 자리 수의 명칭을 조합하여 다양한 숫자를 표현합니다.

40	**quaranta**	70	**settanta**	100	**cento**
50	**cinquanta**	80	**ottanta**	101	**centouno**
60	**sessanta**	90	**novanta**		⋮

 자동사? 타동사?

🎧 MP3 00-05

자동사

자동사는 '주어+동사' 조합만으로 완전한 의미 전달이 가능한 동사입니다.

> ## 자동사는 독립적!
> → 직접목적어 (~을/를) 필요 ✕

essere	~이다	uscire	나가다
andare	가다	partire	출발하다
venire	오다	alzarsi	일어나다

Io vado. — 나는 간다.
Tu vieni di sera. — 너는 저녁에 온다.
Noi ci alziamo di mattina. — 우리는 아침에 일어난다.

타동사

타동사는 '무엇을'에 대한 대답이 있어야 전달하려는 의미가 완전해지는 동사입니다.

> ## 타동사는 불완전해!
> → 직접목적어 (~을/를) 필요 ○

avere	~을 가지다	scrivere	~을 쓰다
mangiare	~을 먹다	comprare	~을 사다
leggere	~을 읽다	vendere	~을 팔다

Io mangio gli spaghetti. — 나는 스파게티를 먹는다.
Tu leggi il giornale. — 너는 신문을 읽는다.
Noi prendiamo un caffè. — 우리는 커피 한 잔을 마신다.

Lezione
1
uno

이름이 뭐야?

Lezione 1 전체
원어민 음원 듣기

한 눈에 쏙! 오늘의 표현

Come si chiama?

이름이 무엇인가요?

Mi chiamo Luciano.

제 이름은 루치아노예요.

준비 단어

🎧 MP3 01-02

🧂 **chiamare** [키아마레]	~를 부르다
🧂 **chiamarsi** [키아마르씨]	이름이 ~이다
🧂 **come** [코메]	어떻게

🧂 **signore** [씬뇨레]	~님, 신사, Mr. (남성)
🧂 **signora** [씬뇨라]	~님, 부인, Mrs. (여성)
🧂 **signorina** [씬뇨리나]	~님, 아가씨, Miss (여성)

밑줄 쫙-
오늘의 문형 🎧 MP3 01-03

🍅 chiamare 동사는 '~를 부르다'를 의미하고 -are 동사 변화형을 따릅니다. chiamare의 현재 시제 변화표를 소리 내어 읽어 보세요.

Io	chiamo	Noi	chiamiamo
Tu	chiami	Voi	chiamate
Lui/Lei/Lei	chiama	Loro	chiamano

🍅 chiamare에 '스스로(self)'를 의미하는 si를 붙여 재귀동사 chiamarsi를 만듭니다. 이때 chiamarsi는 '스스로를 ~라고 부르다', 즉 '이름이 ~이다'를 의미하고 -are 동사 변화형을 따르되 본동사 앞에 재귀대명사를 추가합니다. chiamarsi의 현재 시제 변화표를 소리 내어 읽어 보세요.

Io	mi chiamo	Noi	ci chiamiamo
Tu	ti chiami	Voi	vi chiamate
Lui/Lei/Lei	si chiama	Loro	si chiamano

🍅 상대의 이름을 물을 때 다음과 같이 호칭을 붙여 질문할 수 있습니다.

signore	[씬뇨레]	~님, 신사, Mr. (남성)
signora	[씬뇨라]	~님, 부인, Mrs. (여성)
signorina	[씬뇨리나]	~님, 아가씨, Miss (여성)

나는 루치아를 부른다. → (나는) 부른다 / 루치아를

Chiamo **Lucia.**

내 이름은 루치아다. → 나 스스로를 / 부른다 / 루치아라고

Mi chiamo **Lucia.**

너의 이름은 무엇이니?

Come ti chiami**?**

성함이 어떻게 되시나요?

Come si chiama**?**

(Mr.) 선생님, 성함이 어떻게 되시나요?

Signore, come si chiama**?**

(Mrs.) 선생님, 성함이 어떻게 되시나요?

Signora, come si chiama**?**

(Miss) 선생님, 성함이 어떻게 되시나요?

Signorina, come si chiama**?**

이탈리아어의 경우 동사의 형태를 통한 주어 유추가 가능하므로 실생활에서는 주어를 생략합니다.
본 교재에서는 더 자연스러운 표현을 익히기 위하여 주어를 생략하여 연습합니다.

예 나는 루치아를 부른다. Io chiamo Lucia. = Chiamo Lucia.
　 내 이름은 루치아노다. Io mi chiamo Luciano. = Mi chiamo Luciano.

실력이 쭈~욱

오늘의 회화 🎧 MP3 01-04

아주머니, 성함이 어떻게 되세요?
Signora, come si chiama**?**

제 이름은 안나예요.
Mi chiamo Anna.

그분의 이름은 무엇인가요?
Come si chiama**?**

그의 이름은 루치아노예요.
Lui si chiama **Luciano.**

그분들의 이름은 무엇인가요?
Come si chiamano**?**

그들의 이름은 안나와 루치아노예요.
Si chiamano Anna e Luciano.

한 마디 plus⁺ 통성명을 한 상대에게 반가움을 표현해 보세요.

il cognome [일 콘뇨메]   성

Molto piacere! [몰토 피아췌레]   정말 반가워요!

콕콕 실력 확인

연습 문제

1 빈칸에 chiamarsi 동사의 알맞은 현재시제 변화형을 써 보세요.

1. (Io) _____ Lucia.　　　　내 이름은 루치아다.

2. (Tu) _____ Paolo.　　　　너의 이름은 파올로다.

3. (Lui) _____ Michele.　　　그의 이름은 미켈레다.

2 다음 문장을 이탈리아어로 바꿔 말하고 적어 보세요.

1. 이름이 뭐야?　　　　➡ _____

2. 성함이 어떻게 되시나요?　➡ _____

3. 제 이름은 (본인 이름)입니다. ➡ _____

정답　문제 **1** 1. Mi chiamo / 2. Ti chiami / 3. Si chiama
　　　문제 **2** 1. Come ti chiami? / 2. Come si chiama? / 3. Mi chiamo (본인 이름).

Lezione

2
due

어떻게 지내니?

Lezione 2 전체
원어민 음원 듣기

Come stai?

어떻게 지내니?

Sto bene. E tu?

나는 잘 지내. 너는?

준비 단어

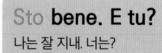
🎧 MP3 02-02

🧂 stare
[스타레]   (상태가) -이다

🧂 anche
[앙케]   또한

🧂 come
[코메]   어떻게

🧂 anch'io
[앙키오]   나도

🧂 bene
[배네]   잘, 좋게

🧂 male
[마레]   나쁘게

🧂 molto
[몰토]   아주, 매우

🧂 Grazie!
[그랕치에]   고마워!, 감사합니다!

🍅 불규칙 동사 stare는 '(상태가) ~이다'를 의미합니다. 동사의 어미는 -are 동사 변화형을 따르지만 어간(동사의 앞부분)이 변하는 불규칙 동사이므로 주의해야 합니다. stare의 현재 시제 변화표를 소리 내어 읽어 보세요.

Io	sto	Noi	stiamo ·
Tu	stai	Voi	state
Lui/Lei/Lei	sta	Loro	stanno

🍅 어떻게 지내는지 안부를 묻는 질문은 'Come + stare' 문형을 활용합니다. 상황에 따라 이 질문에 긍정적 또는 부정적 의미를 담은 대답을 할 수 있습니다.

Come stai?	어떻게 지내니?
Sto **bene.**	나는 잘 지내.
Non sto **bene.**	나는 잘 못 지내.
Sto **male.**	나는 안 좋아.

🍅 '나도 그러하다'고 표현할 때 '또한'을 의미하는 anche와 io를 함께 사용하여 anch'io라고 말할 수 있습니다.

어떻게 지내니?

Come stai?

나는 잘 지내.

Sto **bene.**

나는 잘 못 지내.

Non sto **bene.**

나는 아주 잘 지내.

Sto **molto bene.**

나는 아주 잘 지내. 너는?

Sto **molto bene. E tu?**

나도 잘 지내.

Anch'io sto **bene.**

나도 아주 잘 지내, 고마워. 너는?

Anch'io sto **molto bene, grazie. E tu?**

그는 잘 못 지내.

Non sta **bene.**

그는 상태가 안 좋아. (기분/건강)

Sta **male.**

여러분은 어떻게 지내세요?

Come state?

우리는 잘 지내요.

Stiamo **bene.**

그들도 아주 잘 지내요.

Anche loro stanno **molto bene.**

오늘 그들은 상태가 안 좋아요.

Oggi stanno **male.**

실력이 쭈~욱
오늘의 회화 🎧 MP3 02-04

안녕 마르코! 어떻게 지내?
Ciao Marco! Come stai?

사라 안녕. 나는 잘 못 지내.
Ciao Sara. Non sto bene.

어째서?
Come mai?

오늘 나는 아파.
Oggi sto male.

이분들은 어떻게 지내시나요?
Come stanno loro?

아주 잘 지내세요.
Stanno molto bene.

 상태가 그저 그럴 때는 이렇게 표현해 보세요.

lo stato [로 스타토]   상태 (*대문자로 lo Stato라고 쓰면 '국가'라는 뜻)

Così così. [코(z)지 코(z)지]   그냥 그래.

콕콕 실력 확인

연습 문제

1 빈칸에 stare 동사의 알맞은 현재시제 변화형을 넣어 대화를 완성해 보세요.

> 👩 : Ciao Marco! Come 1._____? 안녕 마르코! 어떻게 지내?

> 👨 : Ciao Sara. Non 2._____ bene. 사라 안녕. 나는 잘 못 지내.

> 👩 : Come mai? 어째서?

> 👨 : Oggi 3._____ male. 오늘 나는 아파.

2 다음 문장을 이탈리아어로 바꿔 말하고 적어 보세요.

1. 어떻게 지내니? ➡ _____

2. 나도 아주 잘 지내. ➡ _____

3. 그는 상태가 안 좋아. ➡ _____

> **정답** 문제 **1** 1. stai / 2. sto / 3. sto
> 문제 **2** 1. Come stai? / 2. Anch'io sto molto bene. / 3. Sta male.

Lezione

3 tre

왜 이탈리어를 공부하니?

Lezione 3 전체
원어민 음원 듣기

> Perché studi
> l'italiano?
> 왜 이탈리어를 공부하니?

> Perché voglio
> viaggiare in Italia.
> 이탈리아를 여행하고 싶어서야.

준비 단어

🎧 MP3 03-02

🎙 **studiare** [스투디아레]	공부하다, 연구하다	🎙 **conoscere** [코노쉐레]	(경험적으로) 알다
🎙 **volere** [(v)보레레]	~하고 싶다	🎙 **viaggiare** [(v)뷔앗좌레]	여행하다
🎙 **l'italiano** [리타리아노]	이탈리아어	🎙 **il canto lirico** [일 칸토 리리코]	성악
🎙 **perché** [페르케]	왜, 왜냐하면	🎙 **l'arte** [라르테]	예술, 미술
🎙 **la cultura** [라 쿨투라]	문화		

밑줄 짝-
오늘의 문형 🎧 MP3 03-03

🍅 studiare 동사는 '공부하다, 연구하다'를 의미하는 규칙 동사입니다. studiare의 현재 시제 변화표를 소리 내어 읽어 보세요.

Io	studio	Noi	studiamo
Tu	studi	Voi	studiate
Lui/Lei/Lei	studia	Loro	studiano

🍅 '왜, 왜냐하면'을 의미하는 perché를 사용하여 행동에 대한 이유를 묻고 답할 수 있습니다. 이때 '~하고 싶기 때문이다'라고 대답하려면 조동사 volere가 추가된 'perché + volere + 본동사' 문형을 활용합니다.

너는 왜 이탈리아어를 공부하니? → 왜 / (너는) 공부한다 / 이탈리아어

Perché studi l'italiano?

[페르케   ㅅ투디   리타리아노]

이탈리아를 여행하고 싶어서야. → 왜냐하면 / 원한다 / 여행하다 / 이탈리아에서

Perché voglio viaggiare in Italia.

[페르케   (v)볼리오   (v)뷔앗좌레   인   이타리아]

나는 이탈리아어를 공부해.

Studio l'italiano.

너는 왜 이탈리아어를 공부하니?

Perché studi l'italiano?

저는 이탈리아어를 공부해요, 왜냐하면 _____.

Studio l'italiano perché _____.

이탈리아를 여행하고 싶기 때문이야.

Perché voglio viaggiare in Italia.

이탈리아 문화를 알고 싶기 때문이야.
→ 왜냐하면 / (나는) 원한다 / 알다 / 문화 / 이탈리아의

Perché voglio conoscere la cultura italiana.

그레타는 성악을 공부해.

Greta studia il canto lirico.

우리는 미술을 공부해.

Studiamo l'arte.

너희는 왜 이탈리아어를 공부하니?

Perché studiate l'italiano?

우리는 이탈리아에서 미술을 공부하고 싶기 때문이야.

Perché vogliamo studiare l'arte in Italia.

그들은 성악을 공부해.

Studiano il canto lirico.

그들은 이탈리아에서 성악을 공부해.

Studiano il canto lirico in Italia.

실력이 쭈~욱

오늘의 회화 🎧 MP3 03-04

그레타, 너는 왜 이탈리아어를 공부하니?
Greta, perché studi l'italiano?

이탈리아 문화를 알고 싶기 때문이야.
Perché voglio conoscere la cultura italiana.

마르코는 성악을 공부하니?
Marco studia il canto lirico?

아니, 마르코는 미술을 공부해.
No, Marco studia l'arte.

한마디 plus+   느림의 정서가 녹아있는 다음 표현을 따라해 보세요.

la campagna [라 캄파냐]   시골

Piano piano! [피아노 피아노]   천천히 천천히!, 살살해!

콕콕 실력 확인
연습 문제

1 빈칸에 studiare 동사의 알맞은 현재시제 변화형을 써 보세요.

1. Io _____ l'italiano.　　　　　나는 이탈리아어를 공부해.

2. Tu _____ la cultura italiana.　　너는 이탈리아 문화를 공부한다.

3. Greta _____ il canto lirico.　　그레타는 성악을 공부해.

2 다음 문장을 이탈리아어로 바꾸어 말하고 적어 보세요.

1. 너는 왜 이탈리아어를 공부하니?

　➡ _____

2. (내가) 이탈리아를 여행하고 싶기 때문이야.

　➡ _____

3. 그들은 성악을 공부해.

　➡ _____

정답　문제 **1** 1. studio / 2. studi / 3. studia
　　　문제 **2** 1. Perché studi l'italiano? / 2. Perché voglio viaggiare in Italia. / 3. Studiano il canto lirico.

Lezione
4
quattro

너의 전화번호는
뭐야?

Lezione 4 전체
원어민 음원 듣기

Qual è il tuo numero di telefono?
네 전화번호는 뭐야?

Il mio numero di telefono è 347 298 0165.
내 전화번호는 347 298 0165야.

준비 단어

🎧 MP3 04-02

quale [쿠아레]	어떤, 무슨	**mio** [미오]	나의
Qual è …? [콸래]	어떤 …이니?	**tuo** [투오]	너의
il numero di telefono [일 누메로 디 테레(f)포노]	전화번호	**la torta** [라 토르타]	케이크
		il libro [일 리브로]	책

🍅 quele는 '어떤, 무슨'을 의미하며 영어의 which와 같이 선택을 할 수 있는 상황에서 쓰이는 의문형용사입니다. 꾸며주는 명사의 수에 따라 다음과 같이 변화합니다.

단수	복수
quele	quali

🍅 quele에 essere 동사 è를 붙인 형태인 'Qual è…?'는 '어떤 …이니?'라고 묻는 표현입니다. quale è 또는 qual'è가 아닌 qual è로 쓴다는 점에 주의합니다.

> 너의 전화번호는 뭐야? → 어떤 / 이다 / 너의 / 전화번호
> ## Qual è il tuo numero di telefono?
> [콸래   일 투오   누메로   디 테레(f)포노]

🍅 '나의(my), 너의(your), 그의(his)'와 같이 어떤 사물에 대한 소유를 나타내는 말을 소유형용사라고 합니다. 이탈리아어의 소유형용사는 정관사와 함께 결합하며, 다른 형용사와 마찬가지로 꾸며주는 명사의 성과 수에 맞게 변화합니다. 즉, 소유형용사는 소유자의 성과 수와는 전혀 관련이 없습니다.

	남성 단수	남성 복수	여성 단수	여성 복수
mio 나의	il mio	i miei	la mia	le mie
tuo 너의	il tuo	i tuoi	la tua	le tue

나의 전화번호

il mio numero **di telefono**

나의 번호들

i miei numeri

너의 전화번호

il tuo numero **di telefono**

너의 번호들

i tuoi numeri

너의 전화번호는 뭐야? → 어떤 / 이다 / 너의 / 전화번호?

Qual è il tuo numero **di telefono?**

나의 전화번호는 010 1234 5678이야. → 나의 / 전화번호 / 이다 / 010 1234 5678

Il mio numero **di telefono è 010 1234 5678.**

나의 케이크

la mia torta

나의 케이크들

le mie torte

너의 케이크

la tua torta

너의 케이크들

le tue torte

어떤 것이 너의 케이크니?

Qual è la tua torta**?**

이것이 나의 케이크야.

Questa è la mia torta**.**

Flory's Tip

'Qual è …?' 질문에 지시대명사 questo, quello를 사용하여 대답할 수 있습니다.

예 이것이 나의 번호야. Questo è il mio numero.
저것이 너의 케이크야. Quella è la tua torta.

그레타, 네 전화번호는 뭐야?
Greta, qual è il tuo numero di telefono?

내 전화번호는 347 298 0165야.
Il mio numero di telefono è 347 298 0165.

이 케이크는 달콤해!
Questa torta è dolce!

이것은 내 케이크야.
Questa è la mia torta.

이것들은 너의 책들이니?
Questi sono i tuoi libri?

맞아. 이것들은 나의 책들이지.
Sì, questi sono i miei libri.

 허락을 구하는 상대의 말에 이렇게 호응해 보세요.

la casa mia [라 카(z)자 미아]   나의 집

Certamente! [체르타멘테]   당연하지!, 당연히!

콕콕 실력 확인

연습 문제

1 다음 단어 앞에 의문형용사 quale를 알맞은 형태로 써 보세요.

1. ＿＿＿＿＿＿＿＿ libro   어떤 책

2. ＿＿＿＿＿＿＿＿ libri   어떤 책들

3. ＿＿＿＿＿＿＿＿ case   어떤 집들

2 다음 한국어 표현과 뜻이 일치하도록 빈칸에 알맞은 소유형용사를 적어 보세요.

1. ＿＿＿＿＿＿＿＿ numero di telefono   나의 전화번호

2. ＿＿＿＿＿＿＿＿ torta   나의 케이크

3. ＿＿＿＿＿＿＿＿ numero di telefono   너의 전화번호

정답   문제 **1** 1. quale / 2. quali / 3. quali
        문제 **2** 1. il mio / 2. la mia / 3. il tuo

Lezione

5
cinque

이분은 누구셔?

Lezione 5 전체
원어민 음원 듣기

Chi è questa?
이분은 누구셔?

Questa è mia madre.
이분은 나의 어머니야.

준비 단어

🎧 MP3 05-02

🔊 **suo**
[쑤오]
그의, 그녀의,
당신의

🔊 **nostro**
[노스트로]
우리의

🔊 **vostro**
[(v)보스트로]
너희의

🔊 **loro**
[로로]
그들의

🔊 **la penna**
[라 펜나]
펜

🔊 **chi**
[키]
누구

🔊 **questo**
[쿠에스토]
이~, 이것의
이것, 이 사람

🔊 **la madre**
[라 마드레]
어머니

🔊 **il padre**
[일 파드레]
아버지

🔊 **il fratello**
[일 (f)프라탈로]
형제

🧅 이탈리아어의 소유형용사는 정관사와 함께 결합하며, 다른 형용사와 마찬가지로 명사의 성과 수에 맞게 변화합니다. 단, loro는 형태가 변화하지 않습니다. 다음 소유형용사 변화표를 소리 내어 읽어 보세요.

	남성 단수	남성 복수	여성 단수	여성 복수
suo 그/그녀/당신의	il suo	i suoi	la sua	le sue
nostro 우리의	il nostro	i nostri	la nostra	le nostre
vostro 너희의	il vostro	i vostri	la vostra	le vostre
loro 그들의	il loro	i loro	la loro	le loro

il suo libro	그/그녀의 책
i suoi libri	그/그녀의 책들
la sua penna	그/그녀의 펜
le sue penne	그/그녀의 펜들

🧅 'Chi + essere + questo?' 문형을 사용하여 앞에 있는 사람과 상대방의 관계를 물을 수 있습니다.

Chi è questo? Chi è questa?	이분은 누구셔?
Chi sono questi? Chi sono queste?	이분들은 누구셔?

🏮 소유형용사를 사용하여 가족 관계를 나타낼 때, 단수 명사 앞에는 정관사를 쓰지 않고 복수 명사 앞에서만 정관사를 사용합니다. 단, 그들의 가족 관계(loro ~)를 나타낼 때는 명사의 수에 상관없이 항상 명사 앞에 정관사를 사용합니다.

단수인 가족 → 정관사 생략

mio padre　　나의 아버지　　　　sua **madre**　　그녀의 어머니

복수인 가족 → 정관사 사용

i miei fratelli　나의 형제들　　　　**i suoi fratelli**　그의 형제들

'그들'의 가족 → 항상 정관사 사용

il loro padre　　그들의 아버지　　　**i loro fratelli**　그들의 오빠들

나의 아버지다. → 이다 / 나의 / 아버지

È mio padre.

너의 아버지다.

È tuo padre.

그녀의 아버지다.

È suo padre.

우리의 어머니다.

È nostra madre.

너희의 어머니다.

È vostra madre.

나의 형이야.

È mio fratello.

나의 형들이야.

Sono i miei fratelli.

그녀들의 오빠야.

È il loro fratello.

그녀들의 오빠들이야.

Sono i loro fratelli.

그레타, 이분들은 누구셔?
Greta, chi sono questi?

나의 오빠들이야.
Sono i miei fratelli.

그러면 이분은 누구셔?
Allora chi è questa?

이분은 나의 어머니야.
Questa è mia madre.

이분들은 누구셔?
Chi sono questi?

그녀들의 오빠들이야.
Sono i loro fratelli.

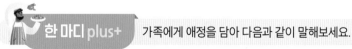
한 마디 plus+ 가족에게 애정을 담아 다음과 같이 말해보세요.

la sorella [라 쏘랠라]   자매, 언니, 누나

Ti voglio bene! [티 볼리오 배네]   너를 애정해!

연습 문제

1 다음 한국어 문장과 뜻이 일치하도록 빈칸에 알맞은 <u>소유형용사</u>를 적어 보세요.

1. È _____ padre. 그의 아버지다.

2. È _____ madre. 우리의 어머니다.

3. Sono _____ fratelli. 너의 형들이야.

2 빈칸에 <u>소유형용사</u>의 알맞은 변화형을 넣어 대화를 완성해 보세요.

: Greta, chi sono questi? 그레타, 이분들은 누구셔?

: Sono 1. _____ fratelli. 나의 오빠들이야.

: Allora chi è questa? 그러면 이분은 누구셔?

: Questa è 2. _____ madre. 이분은 나의 어머니야.

: Chi sono questi? 이분들은 누구셔?

: Sono 3. _____ fratelli. 그녀들의 오빠들이야.

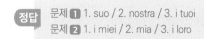

정답 문제 **1** 1. suo / 2. nostra / 3. i tuoi
문제 **2** 1. i miei / 2. mia / 3. i loro

Ripetizioni

1~15 제시된 한국어 문장을 뜻하는 이탈리아어 문장을 고르거나, 주어에 따라
동사의 알맞은 변화형을 적으세요.

1 나는 루치아를 부른다.

a. Mi chiamo Lucia.

b. Chiamo Lucia.

c. Chiamare Lucia.

답

2 Chiamare 부르다

Io		Noi	
Tu		Voi	
Lui/Lei/Lei		Loro	

3 너의 이름은 무엇이니?

a. Come mi chiamo?

b. Come si chiama?

c. Come ti chiami?

답

4 Chiamarsi 이름을 ~라고 부르다

Io		Noi	
Tu		Voi	
Lui/Lei/Lei		Loro	

5 (너는) 어떻게 지내니?

    a. Come stai?

    b. Come sei?

    c. Come stanno?

6 나는 아주 잘 지내.

    a. Sto bene.

    b. Sto molto bene.

    c. Stai molto bene.

7 그는 상태가 안 좋아.

    a. Sta bene.

    b. Sta male.

    c. Sta meglio.

8 그냥 그래.

    a. Molto piacere.

    b. Sto bene, grazie.

    c. Così così.

9 나는 이탈리아어를 공부해.

   a. Studio l'italiano.

   b. Studi l'italiano.

   c. Studiao l'italiano.

10 studiare 공부하다

Io		Noi	
Tu		Voi	
Lui/Lei/Lei		Loro	

11 이탈리아를 여행하고 싶기 때문이야.

   a. Perché posso viaggiare in Italia.

   b. Perché viaggio in Italia.

   c. Perché voglio viaggiare in Italia.

12 그레타는 성악을 공부해.

   a. Greta studiamo il canto lirico.

   b. Greta studia il canto lirico.

   c. Greta studia l'arte.

13 마르코는 미술을 공부해.

    a. Marco studia il canto lirico.

    b. Marco studiate l'arte.

    c. Marco studia l'arte.

14 너의 전화번호는 뭐야?

    a. Qual è il mio numero di telefono?

    b. Qual è il tuo numero di telefono?

    c. Qual è il suo numero di telefono?

15 나의 형이야.

    a. È mio fratello.

    b. È il mio fratello.

    c. È i miei fratelli.

정답   p. 52~55 [표의 정답은 Io - Tu - Lui/Lei – Noi – Voi – Loro 순으로 기재]

1 b   **2** chiamo, chiami, chiama, chiamiamo, chiamate, chiamano   **3** c
4 mi chiamo, ti chiami, si chiama, ci chiamiamo, vi chiamate, si chiamano   **5** a
6 b   **7** b   **8** c   **9** a   **10** studio, studi, studia, studiamo, studiate, studiano
11 c   **12** b   **13** c   **14** b   **15** a

p. 56

1 Signora, come si chiama?/ Mi chiamo Anna.
2 Perché studi l'italiano? / Perché voglio studiare l'arte in Italia.
3 Questi sono i tuoi libri? / No, questi sono i suoi libri.
4 Greta, chi è questa? / Questa è mia madre.

복습 회화

대화를 이탈리아어로 말해 보세요. 그리고 말한 문장을 빈칸에 적어 보세요.

1. : 아주머니, 성함이 어떻게 되세요?

   _____

   : 제 이름은 안나예요.

   _____

2. : (너는) 왜 이탈리아어를 공부하니?

   _____

   : 이탈리아에서 미술을 공부하고 싶기 때문이야.

   _____

3. : 이것들은 너의 책들이니?

   _____

   : 아니. 이것들은 그녀의 책들이야.

   _____

4. : 그레타(Greta), 이분은 누구셔?

   _____

   : 이분은 나의 어머니야.

   _____

이탈리아 문화 돋보기

할머니의 레시피와 '파밀리스모'

이탈리아 사람들은 가족 간의 끈끈한 유대를 중요시합니다. 가족 구성원들은 서로를 위해 희생하는 것을 기꺼이 받아들이고, 특히 부활절이나 성탄절과 같은 명절에는 모여서 특별한 시간을 보내곤 합니다. 이러한 '가족주의(Familismo, 파밀리스모)'의 영향으로 자녀들이 성인이 된 후에도 부모 및 조부모와 함께 생활하는 경우가 많습니다.

할머니(nonna)는 이탈리아 문화에서 가족 구성원들에게 깊은 존경과 사랑을 받는 존재입니다. 할머니는 가정의 중심이자 가족의 유대를 유지하고 강화하는 역할을 맡습니다. 또한 할머니는 가장 친절하고 따뜻한 존재로 여겨지며, 할머니의 사랑과 관심은 가정 분위기를 풍부하고 따뜻하게 만듭니다.

전통적으로 이탈리아에서는 주말에 교회를 다녀온 후 할머니 댁에 모여 식사를 즐기는 등 조부모님과 자주 소통하고 함께 시간을 보냅니다. 이러한 가족 모임을 통해 이탈리아 사람들은 '할머니의 레시피 (la ricetta della nonna)'를 자연스럽게 배우게 됩니다. 주변 사람들에게 요리를 대접하면서 '이것은 우리 할머니의 레시피야'라고 이야기하는 것을 자주 들을 수 있는데, 이는 이탈리아 사람들의 삶 속에 녹아있는 가족의 소중함과 가족을 위해 헌신해 온 할머니에 대한 애정을 상징하는 매우 의미 있는 표현입니다.

Lezione
7
sette

너에게 커피를
살게.

Lezione 7 전체
원어민 음원 듣기

Ti **offro un caffè.**
너에게 커피를 살게.

Ti **regalo una torta.**
너에게 케이크를 선물할게.

준비 단어

🎧 MP3 07-02

🎙 mi [미]	나에게		🎙 gli [리]	그들에게
🎙 ti [티]	너에게		🎙 offrire [옾(f)프리레]	제공하다
🎙 gli / le / le [리 / 레 / 레]	그에게/ 그녀에게/ 당신에게		🎙 la torta [라 토르타]	케이크
🎙 ci [취]	우리에게		🎙 il caffè [일 캎퐤]	커피
🎙 vi [(v)뷔]	너희에게		🎙 regalare [(r)레가라레]	선물하다

🍅 in, a, di 와 같은 전치사 뒤에 따라오는 인칭 대명사를 전치격 인칭 대명사라고 하며, 이때 io와 tu의 전치격은 각각 me와 te로 변합니다.

전치격 인칭 대명사

전치사 in, a, di, da, su, con, tra/fra, per	+	me	noi
		te	voi
		lui/lei/lei	loro

🍅 '전치사 a + 전치격'의 조합으로 '(~사람)에게'라는 의미를 전달할 수 있습니다. 단, '~에게'는 사용되는 빈도수가 높은 표현이다 보니 흔히 더 간단한 형태의 간접목적격 인칭 대명사로 대치하여 사용합니다.

a + 전치격		=	간접목적격 인칭 대명사	
a me	a noi		mi	ci
a te	a voi		ti	vi
a lui/a lei/a lei	a loro		gli/le/le	gli

🍅 문장 안에서 간접목적격 인칭 대명사는 변화된 동사 앞에 위치합니다.

나는 너에게 케이크를 제공한다.

Offro la torta a te. = Ti offro la torta.

offrire: 제공하다 (사주다)

Io	offro	Noi	offriamo
Tu	offri	Voi	offrite
Lui/Lei/Lei	offre	Loro	offrono

네가 나에게 커피를 산다고?

Offri un caffè a me? = Mi **offri un caffè?**

마르코가 마리아에게 커피를 산다.

Marco offre un caffè a Maria.

마르코가 그녀에게 커피를 산다.

Marco le **offre un caffè.**

우리는 마르코에게 커피를 사지 않는다.

Non offriamo un caffè a Marco.

우리는 그에게 커피를 사지 않는다.

Non gli **offriamo un caffè.**

너희는 우리에게 케이크를 제공할거니?

Ci **offrite la torta?**

그들은 너희에게 커피를 제공한다.

Vi **offrono un caffè.**

regalare: 선물하다

Io	regalo	Noi	regaliamo
Tu	regali	Voi	regalate
Lui/Lei/Lei	regala	Loro	regalano

나는 너에게 케이크 하나를 선물한다.

Regalo una torta a te. = Ti **regalo una torta.**

저는 당신에게 케이크 하나를 선물합니다.

Regalo una torta a lei. = Le **regalo una torta.**

그레타, 네게 커피를 살게.

Greta, ti offro un caffè.

정말? 네가 나한테 커피를 산다고?

Davvero? Mi offri un caffè?

너에게 케이크 하나를 선물할게.

Ti regalo una torta.

와우! 마르코가 내게 케이크를 선물하네!

Wow! Marco mi regala una torta!

 한 마디 plus⁺ 선물을 건넬 때 축하의 말도 전해 보세요.

il regalo [일 (r)레가로]		선물
Tanti auguri! [탄티 아우구리]		축하해!, 축복해!

콕콕 실력 확인

연습 문제

1 다음 한국어 문장과 뜻이 일치하도록 빈칸에 알맞은 <u>간접목적격 인칭 대명사</u>를 써 보세요.

1. _____ offro un caffè.   내가 너에게 커피를 살게.

2. _____ regalo una torta.   저는 당신에게 케이크 하나를 선물합니다.

3. _____ offri un caffè?   너가 나한테 커피를 산다고?

2 다음 문장을 이탈리아어로 바꿔 말하고 적어 보세요.

1. 나는 너에게 케이크를 제공한다.

   ➡ _____

2. 마르코가 마리아에게 커피를 산다.

   ➡ _____

3. 너희는 우리에게 케이크를 제공할거니?

   ➡ _____

정답 문제 **1** 1. Ti / 2. Le / 3. Mi
　　　문제 **2** 1. Ti offro la torta. / 2. Marco offre un caffè a Maria. / 3. Ci offrite la torta?

Lezione

8
otto

나는 밀라노가
좋아!

Lezione 8 전체
원어민 음원 듣기

> Mi piace **Milano.**
> **E** a te?
> 나는 밀라노가 좋아! 너는 어때?

> **Anche** a me piace **Milano.**
> 나도 밀라노를 좋아해.

준비 단어

🎧 MP3 08-02

🧂 piacere	(~에게)	🧂 viaggiare	
[피아췌레]	좋다	[(v)뷔앚좌레]	여행하다
🧂 il biscotto		🧂 il vino	
[일 비스컽토]	쿠키	[일 (v)뷔노]	와인
🧂 il tiramisù		🧂 il formaggio	
[일 티라미쑤]	티라미수	[일 (f)포르맞죠]	치즈
🧂 il cappuccino		🧂 il caffè macchiato	카페
[일 캎풋취노]	카푸치노	[일 캎(f)패 막키아토]	마키아토

오늘의 문형 🎧MP3 08-03

🍅 piacere가 동사로 쓰였을 때에는 '(~에게) 좋다'라는 뜻을 나타냅니다. 이 동사의 어미는 -ere 동사 변화형을 따르지만 어간은 불규칙하게 변화합니다. piacere의 현재 시제 변화표를 소리 내어 읽어 보세요.

Io	piaccio	Noi	piacciamo
Tu	piaci	Voi	piacete
Lui/Lei/Lei	piace	Loro	piacciono

🍅 역구조동사인 piacere는 무엇인가를 좋아하는 주체와 좋아하는 대상의 위치가 맞바뀐 특이한 구조의 문장 형태를 따릅니다.

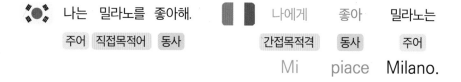

🇰🇷 나는 밀라노를 좋아해.
주어 직접목적어 동사

🇮🇹 나에게 좋아 밀라노는
간접목적격 동사 주어
Mi piace Milano.

🍅 역구조동사는 뒤에 오는 주어의 인칭과 수에 맞게 변화합니다. 주어가 단수이거나 동사원형인 경우는 piace, 복수명사인 경우에는 piacciono를 사용합니다.

간접목적격		역구조동사		주어
mi	ci	piace	+	단수명사, 동사원형 (~하는 것)
ti	vi			
gli/le/le	gli	piacciono	+	복수명사

나는 케이크를 좋아한다. = 나에게 / 좋다 / 케이크는

A me piace **la torta.** = Mi piace **la torta.**

나는 공부하는 것을 좋아한다.

Mi piace **studiare.**

나는 쿠키들을 좋아한다.

Mi piacciono **i biscotti.**

너는 티라미수를 좋아하니?

Ti piace **il tiramisù?**

당신은 티라미수를 좋아하시나요?

Le piace **il tiramisù?**

마리아는 카푸치노를 좋아해.

A Maria piace **il cappuccino.**

그녀는 카푸치노를 좋아해.

Le piace **il cappuccino.**

마르코는 카페 마키아토를 좋아해.

A Marco piace **il caffè macchiato.**

그는 카페 마키아토를 좋아해.

Gli piace **il caffè macchiato.**

우리는 여행하는 것을 좋아해.

Ci piace **viaggiare.**

우리는 쿠키들을 좋아해.

Ci piacciono **i biscotti.**

너희는 이탈리아 와인을 좋아하니?

Vi piace **il vino italiano?**

그들은 치즈들을 좋아한다.

Gli piacciono **i formaggi.**

그레타, 너는 밀라노를 좋아하니?
Greta, ti piace Milano?

그럼, 나는 밀라노를 좋아해. 그리고 너는 어때?
Sì, mi piace Milano. E a te?

나도 밀라노를 좋아해.
Anche a me piace Milano.

좋아. 그러면 너는 이탈리아 와인을 좋아하니?
Va bene. Allora ti piace il vino italiano?

 보고 싶은 친구에게 그리움을 표현해 보세요.

mancare [망카레]	부족하다, 허전하다, 필요하다
Mi manchi tu! [미 망키 투]	네가 보고 싶어!, 네가 그리워!

연습 문제

1 빈칸에 알맞은 piacere 동사의 직설법 현재형을 써 보세요.

1. Mi _____ la torta. 나는 케이크를 좋아한다.

2. Ti _____ i biscotti. 너는 쿠키들을 좋아한다.

3. Mi _____ studiare. 나는 공부하는 것을 좋아한다.

2 다음 문장을 이탈리아어로 바꿔 말하고 적어 보세요.

1. 나는 밀라노가 좋다!

   ➡ _____

2. 그녀는 쿠키들을 좋아해.

   ➡ _____

3. 우리는 여행하는 것을 좋아해.

   ➡ _____

정답 문제 **1** 1. piace / 2. piacciono / 3. piace
문제 **2** 1. Mi piace Milano! / 2. Le piacciono i biscotti. / 3. Ci piace viaggiare.

Lezione

9

nove

마리아에게 그것을
선물한다.

Lezione 9 전체
원어민 음원 듣기

Lo **regalo** a te.
너에게 이것을 선물할게.

Mi **piace!**
이거 마음에 들어!

👒 준비 단어

🎧 MP3 09-02

🎤 lo / la
[로 / 라]   그것을

🎤 li / le
[리 / 레]   그것들을

🎤 mangiare
[만좌레]   먹다

🎤 regalare
[(r)레가라레]   선물하다

🎤 il profumo
[일 ㅍ로(f)푸모]   향수

🎤 chiamare
[키아마레]   ~를 부르다

밑줄 짝-
오늘의 문형 🎧 MP3 09-03

🍅 이탈리아어에서 직접목적격 인칭 대명사는 직접목적어를 대신하여 사용할 수 있습니다. 이때 문장 안에서 직접목적격 인칭 대명사는 변화된 동사 앞에 위치합니다.

직접목적격 인칭 대명사 (~을/를)

나를	mi	우리를	ci
너를	ti	너희를	vi
그를 / 그것을 그녀를 / 그것을 당신을	lo la la*	그들을 / 그것들을 그녀들을 / 그것들을	li le

* '당신'의 성과 관계없이 la를 사용합니다.

🇰🇷 나는 티라미수를 먹어.　　　🇮🇹 Mangio il tiramisù.
　　 나는 그것을 먹어.　　　　　　　 Lo mangio.

　　 나는 스파게티를 먹어.　　　　　 Mangio gli spaghetti.
　　 나는 그것들을 먹어.　　　　　　 Li mangio.

🇰🇷 나는 케이크를 먹어.　　　🇮🇹 Mangio la torta.
　　 나는 그것을 먹어.　　　　　　　 La mangio.

　　 나는 케이크들을 먹어.　　　　　 Mangio le torte.
　　 나는 그것들을 먹어.　　　　　　 Le mangio.

regalare: 선물하다

Io	regalo	Noi	regaliamo
Tu	regali	Voi	regalate
Lui/Lei/Lei	regala	Loro	regalano

나는 너에게 케이크 하나를 선물한다.

Regalo una torta a te.

나는 마리아에게 향수를 선물한다.

Regalo il profumo a Maria.

너는 마리아에게 향수를 선물한다.

Regali il profumo a Maria.

그는 마리아에게 향수들을 선물한다.

Regala i profumi a Maria.

나는 너에게 그것을 선물한다.

La **regalo** a te.

나는 마리아에게 그것을 선물한다.

Lo **regalo** a Maria.

너는 마리아에게 그것을 선물한다.

Lo **regali** a Maria.

그는 마리아에게 그것들을 선물한다.

Li **regala** a Maria.

chiamare: ~를 부르다

Io	chiamo	Noi	chiamiamo
Tu	chiami	Voi	chiamate
Lui/Lei/Lei	chiama	Loro	chiamano

나는 너를 부른다.

Ti **chiamo**.

우리는 너희를 부른다.

Vi **chiamiamo**.

너는 너를 부른다.

Mi **chiami**.

너희는 우리를 부른다.

Ci **chiamate**.

그레타, 축하해!
Greta, tanti auguri!

이건 향수야. 너에게 이것을 선물할게.
Questo è il profumo. Lo regalo a te.

고마워!
Grazie!

마르코가 이것들을 네게 선물하는구나!
Marco li regala a te!

맞아! 나에겐 (이것들이) 마음에 들어!
Sì! Mi piacciono!

 달콤하게 사랑 고백을 해 보세요.

l'amore [라모레]   사랑

Ti amo. [티 아모]   너를 사랑해.

연습 문제

1 다음 한국어 문장과 뜻이 일치하도록 빈칸에 알맞은 <u>직접목적격 인칭 대명사</u>를 써 보세요.

1. Io _____ chiamo.   나는 <u>너를</u> 부른다.

2. Lui _____ regala a Maria.   그는 마리아에게 <u>그것들을</u> 선물한다. (남성 복수)

3. Io _____ regalo a te.   나는 너에게 <u>그것을</u> 선물한다. (여성 단수)

2 다음 문장을 이탈리아어로 바꿔 말하고 적어 보세요.

1. 너는 마리아에게 (남)<u>그것을</u> 선물한다.

   ➡ _____

2. 마르코는 너에게 (여)<u>그것들을</u> 선물한다.

   ➡ _____

3. 우리는 <u>너희를</u> 부른다.

   ➡ _____

정답 문제 **1** 1. ti / 2. li / 3. la
문제 **2** 1. Lo regali a Maria. / 2. Marco le regala a te. / 3. Vi chiamiamo.

Lezione
10
dieci

너에게 그것을
설명한다.

Lezione 10 전체
원어민 음원 듣기

8

한 눈에 쏙! 오늘의 표현

> **Spiego il problema** a te.
> 너에게 그 문제를 설명할게.

> **Sì, lo spieghi** a me.
> 응, 나에게 그것을 설명해 줘.

준비 단어

🎧 MP3 10-02

🧂 spiegare		🧂 chiedere	
[스피에가레]	설명하다	[키애데레]	질문하다, 묻다
🧂 il problema		🧂 il prezzo	
[일 프로브레마]	문제	[일 프렡초]	가격
🧂 la soluzione		🧂 l'opinione	
[라 소룰치오네]	솔루션, 해결책	[로피니오네]	의견

🍅 직접목적격 대명사의 3인칭은 대체하는 목적어(명사)의 성과 수에 따라 다음과 같이 대체할 수 있습니다.

남성 단수	남성 복수	여성 단수	여성 복수
lo 그것을	li 그것들을	la 그것을	le 그것들을

🍅 직접목적어(명사)를 직접목적격 대명사 lo, la, li, le로 대체한 다음 문장들을 읽어 보세요.

Spiego il problema a te.
나는 너에게 그 문제를 설명한다.

Lo spiego a te.
나는 너에게 그것을 설명한다.

Chiedono le opinioni a voi.
그들은 너희에게 의견들을 물어본다.

Le chiedono a voi.
그들은 너희에게 그것들을 물어본다.

Io	spiego	Noi	spieghiamo
Tu	spieghi	Voi	spiegate
Lui/Lei/Lei	spiega	Loro	spiegano

너는 우리에게 그 문제들을 설명한다.

Spieghi i problemi a noi.

너는 우리에게 그것들을 설명한다.

Li **spieghi** a noi.

그는 나에게 해결책을 설명한다.

Spiega la soluzione a me.

그는 나에게 그것을 설명한다.

La **spiega** a me.

우리는 너희에게 해결책들을 설명한다.

Spieghiamo le soluzioni a voi.

우리는 너희에게 그것들을 설명한다.

Le **spieghiamo** a voi.

chiedere: 질문하다, 묻다

Io	chiedo	Noi	chiediamo
Tu	chiedi	Voi	chiedete
Lui/Lei/Lei	chiede	Loro	chiedono

나는 그에게 가격을 물어본다.

Chiedo il prezzo a lui.

나는 그에게 그것을 물어본다.

Lo **chiedo** a lui.

너희들은 그녀에게 가격들을 물어본다.

Chiedete i prezzi a lei.

너희들은 그녀에게 그것들을 물어본다.

Li **chiedete** a lei.

당신은 우리에게 의견을 물어본다.

Chiede l'opinione a noi.

당신은 우리에게 그것을 설명한다.

La **chiede** a noi.

이것이 그 문제입니다.
Questo è il problema.

당신에게 그것을 설명할게요.
Lo spiego a lei.

감사합니다. 당신은 아주 친절합니다.
Grazie. Lei è molto gentile.

우리는 그에게 그것들을 물어본다.
Li chiediamo a lui.

그는 우리에게 그것들을 설명한다.
Li spiega a noi.

 강의에 출석했을 때 이렇게 말해 보세요.

la domanda [라 도만다]   질문

Presente! [프레(z)잰테]   출석했어요!

콕콕 실력 확인

연습 문제

1 다음 한국어 문장과 뜻이 일치하도록 빈칸에 알맞은 <u>직접목적격 인칭 대명사</u>를 써 보세요.

1. Io _____ spiego a te. 나는 너에게 <u>그것을</u> 설명한다.
(남성 단수)

2. Lui _____ spiega a me. 그는 나에게 <u>그것을</u> 설명한다.
(여성 단수)

3. Loro _____ chiedono a voi. 그들은 너희에게 <u>그것들을</u> 물어본다.
(여성 복수)

2 다음 문장을 이탈리아어로 바꿔 말하고 적어 보세요.

1. 나는 너에게 그 문제를 설명한다.
➡ _____

2. 너는 우리에게 그 문제들을 설명한다.
➡ _____

3. 나는 그에게 가격을 물어본다.
➡ _____

정답 문제 **1** 1. lo / 2. la / 3. le
문제 **2** 1. Spiego il problema a te. / 2. Spieghi i problemi a noi. / 3. Chiedo il prezzo a lui.

Lezione 10 너에게 그것을 설명한다. **81**

Lezione

11

undici

너에게 그것을
선물한다.

Lezione 11 전체
원어민 음원 듣기

한 눈에 쏙! 오늘의 표현

Mi piace la torta!
나는 케이크를 좋아해!

Allora te la regalo.
그러면 너에게 그것을 선물할게.

준비 단어

🎧 MP3 11-02

me lo
[메 로]　　　　나에게 그것을

te lo
[테 로]　　　　너에게 그것을

glielo
[리에로]　　　그/그녀/
　　　　　　　그들에게 그것을

ce lo
[췌 로]　　　　우리에게 그것을

ve lo
[(v)붸 로]　　너희에게 그것을

il professore
[일 프로(f)페쏘레]　교수

밑줄 쫙-
오늘의 문형 🎧 MP3 11-03

🍡 간접목적격 대명사와 직접목적격 대명사가 함께 문장에 등장하는 경우에는 간접목적격
대명사 → 직접목적격 대명사(3인칭) 순서로 시제 변화된 동사 앞에 위치시킵니다.

🇰🇷 나는 너에게 그것을 설명한다.
　　　 간·목　직·목

🇮🇹 Lo spiego a te.

‖

Te lo spiego.
간·목　직·목

🍡 간접목적격 대명사가 직접목적격 대명사 앞에 위치하는 경우, 간접목적격의 어미가 '-e'의
형태로 변화합니다. 간접목적격/직접목적격 대명사의 조합에 주의하여 다음 복합대명사
표를 소리 내어 읽어 보세요.

직목대 간목대	lo	la	li	le
mi	me lo	me la	me li	me le
ti	te lo	te la	te li	te le
gli/le/le	glielo	gliela	glieli	gliele
ci	ce lo	ce la	ce li	ce le
vi	ve lo	ve la	ve li	ve le
gli	glielo	gliela	glieli	gliele

너는 우리에게 그것들을 설명한다.

Li **spieghi** a noi.
= Ce li **spieghi**.

그는 나에게 그것을 설명한다.

La **spiega** a me.
= Me la **spiega**.

우리는 너희에게 그것들을 설명한다.

Le **spieghiamo** a voi. = Ve le **spieghiamo**.

나는 너에게 케이크 하나를 선물한다.

Ti **regalo** una torta.

나는 너에게 그것을 선물한다.

Te la **regalo**.

저는 당신에게 케이크 하나를 선물합니다.

Regalo una torta a lei.

저는 당신에게 그것을 선물합니다.

Gli**ela regalo**.

나는 마리아에게 그것을 선물한다.

Lo **regalo** a Maria.

나는 그녀에게 그것을 선물한다.

Gli**elo regalo**.

그는 마리아에게 향수들을 선물한다.

Regala i profumi a Maria.

그는 그녀에게 그것들을 선물한다.

Gli**eli regala**.

나는 그에게 그것을 물어본다.

Lo **chiedo** a lui.
= Gli**elo chiedo**.

너희들은 그녀에게 그것들을 물어본다.

Li **chiedete** a lei.
= Gli**eli chiedete**.

당신은 우리에게 그것을 물어본다.

Ce la **chiede**.

그들은 너희에게 그것들을 물어본다.

Ve le **chiedono**.

오늘의 회화 MP3 11-04

나는 케이크를 좋아해!
Mi piace la torta!

그러면 너에게 그것을 선물할게.
Allora te la regalo.

교수님께서 너희들에게 의견들을 설명하시는구나!
Il professore vi spiega le opinioni!

맞아, 그는 우리에게 그것들을 설명하셔.
Sì, ce le spiega.

 듣고 싶은 말이 있을 때 이렇게 요청해 보세요.

la parola [라 파러라]		단어, 말
Dimmelo. [딤메로]		나한테 그것을 얘기해 줘.

콕콕 실력 확인
연습 문제

1 다음 한국어 문장과 뜻이 일치하도록 빈칸에 알맞은 <u>복합대명사</u>를 써 보세요.

1. Io ＿＿＿＿＿ ＿＿＿＿＿ spiego.

   나는 <u>너에게 그것을</u> 설명한다.
   (남성 단수)

2. Tu ＿＿＿＿＿ ＿＿＿＿＿ spieghi.

   너는 <u>우리에게 그것들을</u> 설명한다.
   (남성 복수)

3. Lui ＿＿＿＿＿ ＿＿＿＿＿ spiega.

   그는 <u>나에게 그것을</u> 설명한다.
   (여성 단수)

2 다음 문장을 <u>복합대명사</u>를 사용한 이탈리아어로 바꿔 말하고 적어 보세요.

1. 나는 너에게 (여)<u>그것을</u> 선물한다.

   ➡ ＿＿＿＿＿＿＿＿＿＿＿＿＿＿＿＿＿＿＿＿＿＿＿＿＿＿

2. 우리는 너희에게 (여)<u>그것들을</u> 설명한다.

   ➡ ＿＿＿＿＿＿＿＿＿＿＿＿＿＿＿＿＿＿＿＿＿＿＿＿＿＿

3. 너희들은 그녀에게 (남)<u>그것들을</u> 물어본다.

   ➡ ＿＿＿＿＿＿＿＿＿＿＿＿＿＿＿＿＿＿＿＿＿＿＿＿＿＿

정답　문제 **1** 1. te lo / 2. ce li / 3. me la
　　　　문제 **2** 1. Te la regalo. / 2. Ve le spieghiamo. / 3. Glieli chiedete.

Lezione 11 너에게 그것을 선물한다. **87**

Lezione

12
dodici

그에게 그것을
가져다준다.

Lezione 12 전체
원어민 음원 듣기

> **Dov'è** la forchetta?
> 포크는 어디에 있지?

> **Te la porto.**
> 내가 너에게
> 그것을 갖다줄게.

준비 단어

🎧 MP3 12-02

portare
[포르타레]
가지고 가다,
가지고 오다

il sale
[일 싸레]
소금

il pepe
[일 페페]
후추

la forchetta
[라 (f)포르켙타]
포크

🍅 복합대명사를 복습해 봅시다.

간목대 ＼ 직목대	lo	la	li	le
mi	me lo	me la	me li	me le
ti	te lo	te la	te li	te le
gli/le/le	glielo	gliela	glieli	gliele
ci	ce lo	ce la	ce li	ce le
vi	ve lo	ve la	ve li	ve le
gli	glielo	gliela	glieli	gliele

🍅 portare 동사는 '가지고 가다, 가지고 오다, 운반하다'를 의미하고 -are 동사 변화형을 따릅니다. 다음 동사 변화표를 소리 내어 읽어 보세요.

Io	porto	Noi	portiamo
Tu	porti	Voi	portate
Lui/Lei/Lei	porta	Loro	portano

il sale, il pepe: 소금, 후추 (남성 명사)

나는 그에게 소금을 갖다준다.

Porto il sale a lui.
= Gli **porto** il sale.

나는 그에게 그것을 갖다준다.

Gli**elo porto.**

너는 나에게 후추를 갖다준다.

Porti il pepe a me.

너는 나에게 그것을 갖다준다.

Me lo **porti.**

la forchetta: 포크 (여성 명사)

그는 나에게 포크를 갖다준다.

Porta la forchetta a me.

그는 나에게 그것을 갖다준다.

Me la **porta.**

우리는 너희에게 포크들을 갖다준다.

Portiamo le forchette a voi.

우리는 너희에게 그것들을 갖다준다.

Ve le **portiamo.**

너희들은 그들에게 포크와 후추를 갖다준다.

Portate la forchetta **e** il pepe a loro.

너희들은 그들에게 그것들을 갖다준다. (그것들 = 포크와 후추)

Glieli **portate.**

그들은 그에게 포크들을 갖다준다.

Portano le forchette a lui.

그들은 그에게 그것들을 갖다준다.

Gli**ele portano.**

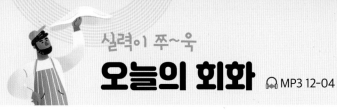

오늘의 회화 🎧 MP3 12-04

저 케이크를 먹을 수 있어?
Posso mangiare la torta?

포크는 어디에 있지?
Dov'è la forchetta?

내가 너에게 그것들을 갖다줄게.
Te le **porto.**

우리에게 후추와 소금을 갖다줄래?
Ci porti il pepe e il sale?

그래. 너희에게 그것들을 가져다 줄게.
Va bene. Ve li **porto.**

 부탁할 때 이렇게 말해 보세요.

il miele [일 미에레]   꿀

Per piacere. [페르 피아췌레]   부탁합니다., ~해주세요.

1 다음 문장을 복합대명사를 사용한 문장으로 바꿔 보세요.

1. Porto il sale a lui.

   ➡ _____ porto.

   나는 그에게 소금을 가져다준다.

   나는 <u>그에게 그것을</u> 가져다준다.

2. Porti il pepe a me.

   ➡ _____ porti.

   너는 나에게 후추를 가져다준다.

   너는 <u>나에게 그것을</u> 가져다준다.

3. Portiamo le forchette a voi.

   ➡ _____ portiamo.

   우리는 너희에게 포크들을 가져다준다.

   우리는 <u>너희에게 그것들을</u> 가져다준다.

2 다음 문장을 이탈리아어로 바꿔 말하고 적어 보세요.

1. 나는 그에게 (남)<u>그것을</u> 가져다준다.

   ➡ _____

2. 너는 나에게 (여)<u>그것들을</u> 가져다준다.

   ➡ _____

3. 우리는 너희에게 (남)<u>그것들을</u> 가져다준다.

   ➡ _____

정답 문제**1** 1. Glielo / 2. Me lo / 3. Ve le
　　　문제**2** 1. Glielo porto. / 2. Me le porti. / 3. Ve li portiamo.

Lezione
13
tredici

나는 7시에 일어난다.

Lezione 13 전체
원어민 음원 듣기

한 눈에 쏙! 오늘의 표현

A che ora ti alzi?
너는 몇 시에 일어나니?

Mi alzo **alle 7.**
나는 7시에 일어나.

준비 단어

MP3 13-02

alzare [알차레]	~를 일으키다	**lavare** [라(v)봐레] ~을 씻다, ~을 씻기다
alzarsi [알차르씨]	(스스로) 일어나다	**lavarsi** [라(v)봐르씨] (스스로) 씻다
alle + 숫자 [알레]	~시에	**le mani** [레 마니] 손들, 양손
a che ora [아 케 어라]	몇 시에	**di solito** [디 쏠리토] 보통

오늘의 문형 🎧 MP3 13-03

🍳 주어의 행동이 주어(스스로)에게 다시 돌아오게 되는 동사를 재귀동사라고 합니다. alzare
동사와 재귀동사 alzarsi의 쓰임을 비교해 봅시다.

---

alzare

나는 나의 아버지를 일으킨다. → 나는 일으킨다 / 나의 아버지를

Alzo mio padre.

alzarsi

나는 일어난다. → 내 스스로를 / 나는 일으킨다

Mi alzo.

🍅 alzarsi는 '스스로를 일으키다' 즉 '일어나다'라는 의미를, lavarsi는 '스스로를 씻기다' 즉 '씻다'
를 의미하는 재귀동사입니다. 재귀동사는 재귀대명사 mi, ti, si, ci, vi, si를 변화된 동사 앞에
위치시킨 형태를 따릅니다. 재귀동사를 사용할 때 주격 인칭 대명사는 생략합니다.

alzarsi

Io	mi alzo	Noi	ci alziamo
Tu	ti alzi	Voi	vi alzate
Lui/Lei/Lei	si alza	Loro	si alzano

lavarsi

Io	mi lavo	Noi	ci laviamo
Tu	ti lavi	Voi	vi lavate
Lui/Lei/Lei	si lava	Loro	si lavano

alzarsi: (스스로를) 일으키다, 일어나다

나는 7시에 일어난다. → 내 스스로를 / 나는 일으킨다 / 7시에

Mi alzo **alle 7.**

너는 8시에 일어난다. → 너 스스로를 / 너는 일으킨다 / 8시에

Ti alzi **alle 8.**

루치아는 6시에 일어나.

Lucia si alza **alle 6.**

마르코와 그레타는 10시에 일어나.

Marco e Greta si alzano **alle 10.**

너는 몇 시에 일어나니?

A che ora ti alzi**?**

나는 보통 7시에 일어나.

Di solito mi alzo **alle 7.**

너희는 보통 몇 시에 일어나니?

Di solito a che ora vi alzate**?**

우리는 보통 8시에 일어나.

Di solito ci alziamo **alle 8.**

lavarsi: (스스로를) 씻기다, 씻다

나는 씻는다.

Mi lavo**.**

나는 보통 7시에 씻는다.

Di solito mi lavo **alle 7.**

나는 손을 씻는다.

Mi lavo **le mani.**

너는 손을 씻니?

Ti lavi **le mani?**

너 뭐 해?

Che cosa fai?

나 손 씻어.

Mi lavo le mani.

너희는 보통 몇 시에 일어나니?

Di solito a che ora vi alzate?

우리는 보통 7시에 일어나.

Di solito ci alziamo alle 7.

 잠든 누군가를 깨울 때 이렇게 말해 보세요.

la sveglia [라 (z)즈(v)벨리아]   기상 알람

Alzati! [알(z)차티]   일어나!

연습 문제

1 빈칸에 <u>lavarsi</u> 동사의 알맞은 현재시제 변화형을 써 보세요.

1. (Io) _____ le mani. 나는 손을 씻는다.

2. (Tu) _____ le mani? 너는 손을 씻니?

3. Lucia _____ le mani. 루치아는 손을 씻는다.

2 빈칸에 <u>alzarsi</u> 동사의 알맞은 현재시제 변화형을 써 보세요.

1. A che ora (noi) _____? 우리는 몇 시에 일어나지?

2. Di solito (voi) _____ alle 9. 너희들은 보통 9시에 일어난다.

3. Di solito (loro) _____ alle 10. 그들은 보통 10시에 일어난다.

정답 문제 **1** 1. Mi lavo / 2. Ti lavi / 3. si lava
문제 **2** 1. ci alziamo / 2. vi alzate / 3. si alzano

Lezione

14
quattordici

해변에서
쉬어요.

Lezione 14 전체
원어민 음원 듣기

한 눈에 쏙! 오늘의 표현

Cosa fate il sabato?
토요일에 너희들은 무엇을 하니?

Ci riposiamo in spiaggia.
우리는 해변에서 쉬어.

준비 단어

🎧 MP3 14-02

riposarsi [(r)리포(z)자르씨]	쉬다, 휴식하다	**mettere** [멭테레]	~을 놓다, 두다
la spiaggia [라 스피앚좌]	해변	**mettersi** [멭테르씨]	입다
in spiaggia [인 스피앚좌]	해변에서	**la tavola** [라 타(v)보라]	식탁, 테이블
il parco [일 파르코]	공원	**sulla tavola** [쑬라 타(v)보라]	식탁 위에, 테이블 위에
nel parco [넬 파르코]	공원에서	**la gonna** [라 건나/곤나]	치마

밑줄 쫙-
오늘의 문형 🎧 MP3 14-03

🍅 riposarsi는 '스스로를 쉬게 하다' 즉 '쉬다, 휴식하다'라는 의미를, mettersi는 '스스로에게 놓다' 즉 '입다'를 의미하는 재귀동사입니다. 재귀동사는 재귀대명사 mi, ti, si, ci, vi, si를 변화된 동사 앞에 위치시킨 형태를 따릅니다. 다음 동사 변화표를 소리 내어 읽어 보세요.

riposarsi

Io	mi riposo	Noi	ci riposiamo
Tu	ti riposi	Voi	vi riposate
Lui/Lei/Lei	si riposa	Loro	si riposano

mettersi

Io	mi metto	Noi	ci mettiamo
Tu	ti metti	Voi	vi mettete
Lui/Lei/Lei	si mette	Loro	si mettono

🍅 '(~장소)에서'를 표현할 때 장소 명칭 앞에는 전치사 in 또는 a가 올 수 있습니다.

in spiaggia	[인 스피앗좌]	해변에서
a casa	[아 카(z)자]	집에서
nel parco (= in + il parco)	[넬 파르코]	공원에서

riposarsi: (스스로를) 쉬게 하다, 쉬다, 휴식하다

나는 해변에서 쉰다. → 나는 쉰다 / 해변에서

Mi riposo in spiaggia.

너는 집에서 쉰다.

Ti riposi a casa.

당신은 토요일에 집에서 쉰다.

Sabato lei si riposa a casa.

우리는 공원에서 쉰다.

Ci riposiamo nel parco.

너희는 공원에서 쉬지 않는다.

Non vi riposate nel parco.

그들은 어디에서 쉬니?

Dove si riposano?

그들은 해변에서 쉰다.

Si riposano in spiaggia.

mettere: ~을 놓다, 두다 / mettersi: 입다

나는 파스타를 테이블 위에 놓는다. → 나는 놓는다 / 파스타를 / 테이블 위에

Metto la pasta sulla tavola.

나는 치마를 입는다.

Mi metto la gonna.

마리아는 치마를 입는다.

Maria si mette la gonna.

실력이 쭈~욱
오늘의 회화 🎧 MP3 14-04

토요일에 너희들은 무엇을 하니?
Cosa fate il sabato?

우리는 공원에서 쉬어.
Ci riposiamo nel parco.

내일 뭐 입을 거야?
Cosa ti metti domani?

내일 나는 치마를 입을 거야.
Domani mi metto la gonna.

 멋진 옷을 입은 친구에게 이렇게 칭찬해 보세요.

la camicia [라 카미챠]   셔츠

Quanto sei elegante! [쿠안토 쌔이 엘레간테]   정말 우아해!, 정말 멋있어!

연습 문제

1 빈칸에 riposarsi 동사의 알맞은 현재시제 변화형을 써 보세요.

1. (Io) _____ in spiaggia.   나는 해변에서 쉰다.

2. (Tu) _____ a casa.   너는 집에서 쉰다.

3. Sabato (lei) _____ a casa.   당신은 토요일에 집에서 쉰다.

2 빈칸에 mettersi 동사의 알맞은 현재시제 변화형을 써 보세요.

1. (Noi) _____ la gonna.

   우리는 치마를 입는다.

2. Di solito (voi) _____ la gonna?

   너희들은 보통 치마를 입니?

3. Di solito (loro) non _____ la gonna.

   그녀들은 보통 치마를 입지 않는다.

정답 문제 **1** 1. Mi riposo / 2. Ti riposi / 3 si riposa
문제 **2** 1. Ci mettiamo / 2. vi mettete / 3. si mettono

Lezione 15
Ripetizioni

1~15 제시된 한국어 문장을 뜻하는 이탈리아어 문장을 고르거나, 주어진 표에 알맞은 형태의 대명사를 적으세요.

1 간접목적격 인칭 대명사

나에게		우리에게	
너에게		너희에게	
그에게/그녀에게/당신에게		그들에게	

2 내가 너에게 커피를 살게.

    a. Ti chiamo un caffè.

    b. Ti offro un caffè.

    c. Offro ti un caffè.

3 저는 당신에게 케이크 하나를 선물합니다.

    a. Lo regalo una torta.

    b. Gli regalo una torta.

    c. Le regalo una torta.

4 당신은 티라미수를 좋아하시나요?

    a. Le piace il tiramisù?

    b. Gli piace il tiramisù?

    c. Ti piace il tiramisù?

5 직접목적격 인칭 대명사

나를		우리를	
너를		너희를	
그를/그것을 그녀를/그것을 당신을		그들을/그것들을 그녀들을/그것들을	

6 우리는 너희를 부른다.

a. Vi chiamiamo.

b. Ci chiamiamo.

c. Ti chiamiamo.

7 당신은 우리에게 그것을 물어본다.

a. La chiede a noi.

b. Lo chiede a noi.

c. Li chiede a noi.

8 복합대명사

나에게 그것을		우리에게 그것들을	
너에게 그것들을		너희에게 그것들을	
그에게 그것을		그들에게 그것을	
당신에게 그것들을		그들에게 그것들을	

9 나는 너에게 그것을 설명한다.

    a. Lo te spiego.

    b. Ti lo spiego.

    c. Te lo spiego.

10 나는 그녀에게 그것을 선물한다.

    a. Le lo regalo.

    b. Glielo regalo.

    c. Gli lo regalo.

11 나는 그에게 그것을 갖다준다.

    a. Gli lo porto.

    b. Lo gli porto.

    c. Glielo porto.

12 재귀 대명사

나 스스로		우리 스스로	
너 스스로		너희 스스로	
그/그녀/당신 스스로		그들 스스로	

13 나는 7시에 일어난다.

    a. Alzo alle 7.

    b. Mi alzo alle 7.

    c. Alzarsi alle 7.

14 너는 손을 씻니?

    a. Si lava le mani?

    b. Ti lavi le mani?

    c. Mi lavo le mani?

15 우리는 공원에서 쉰다.

    a. Ci riposiamo nel parco.

    b. Ci chiamiamo nel parco.

    c. Ci alziamo nel parco.

정답   p. 106~109 [표의 정답은 Io - Tu – Lui/Lei – Noi – Voi – Loro 순으로 기재]

1 mi, ti, gli/le/le, ci, vi, gli   **2** b   **3** c   **4** a

5 mi, ti, lo/la/la, ci, vi, li/le   **6** a   **7** a

8 me la, te li, glielo, glieli, ce li, ve le, glielo, glieli   **9** c   **10** b

11 c   **12** mi, ti, si, ci, vi, si   **13** b   **14** b   **15** a

p. 110

1 Greta, ti piace Milano?/ Sì, mi piace Milano.

2 Questo è il profumo. Lo regalo a te. / Grazie! Mi piace.

3 Ci porti il pepe e il sale? / Ve li porto.

4 Di solito a che ora vi alzate? / Di solito ci alziamo alle 8.

복습 회화

대화를 이탈리아어로 말해 보세요. 그리고 말한 문장을 빈칸에 적어 보세요.

1. : 그레타(Greta), 너는 밀라노를 좋아하니?

   _____

   : 그럼, 나는 밀라노를 좋아해.

   _____

2. : 이건 향수야. 너에게 이것을 선물할게.

   _____

   : 고마워! 이거 마음에 들어.

   _____

3. : 우리에게 후추와 소금을 갖다줄래?

   _____

   : 너희에게 그것들을 가져다줄게.

   _____

4. : 너희는 보통 몇 시에 일어나니?

   _____

   : 우리는 보통 8시에 일어나.

   _____

이탈리아 문화 돋보기

이탈리아에서는 파스타만 먹는다고요?

빨간 토마토 소스를 얹은 뽀모도로 스파게티, 잘게 다진 고기 육즙이 일품인 라구 페투치니, 기름에 볶은 마늘향이 향긋한 알리오 에 올리오까지. 생산되는 면 종류만 해도 300여 개에 달하는 파스타는 이탈리아의 대표 음식입니다. 하지만 색다른 이탈리아 식문화를 경험해보고 싶다면 이런 음식은 어떨까요?

이탈리아 북부지방에서는 파스타만큼이나 폴렌타(polenta)를 많이 먹습니다. 폴렌타는 옥수수 가루에 물과 소금을 넣어 끓인 묵직한 질감의 음식으로, 고르곤졸라 치즈나 소세지 등을 토핑으로 올려 함께 먹기도 합니다.

중부지방에서 맛볼 수 있는 별미는 로마의 트리파(trippa)입니다. 트리파는 소의 양곱창을 토마토 소스에 끓인 요리로 곱창 요리를 좋아하는 한국 사람이라면 맛있게 먹을 수 있는 음식입니다. 또한 로마의 카르쵸피(carciofi, 아티초크)는 인기 있는 식재료 중 하나입니다. 카르쵸피를 손질하여 오븐에 굽거나 기름에 튀겨 조리하기도 하고 올리브유와 식초에 담가 병조림으로 만들기도 합니다.

나폴리와 같이 해안에 접한 남부지방에서는 해산물 요리가 인기 있고, 그중에서도 대구 요리가 특히 유명합니다. 병아리콩 소스를 얹은 대구 오븐 구이, 겉은 바삭하고 속은 부드러운 대구 튀김 등 다양한 방법으로 이 생선을 즐깁니다.

Lezione
16
sedici

친구와 말하면서
파스타를 먹는다.

Lezione 16 전체
원어민 음원 듣기

한 눈에 쏙! 오늘의 표현

Mangio la pasta parlando con gli amici.
나는 친구들과 말하면서 파스타를 먹어.

Leggo il libro ascoltando la musica.
나는 음악을 들으면서 책을 읽어.

준비 단어

🎧 MP3 16-02

🔋 **mangiando** [만쟌도]	먹으면서, 먹음으로써	🔋 **le lasagne** [레 라(z)자녜]	라자냐
🔋 **parlando** [파르란도]	말하면서, 말함으로써	🔋 **gli amici** [리 아미취]	친구들
🔋 **ascoltando** [아스콜탄도]	들으면서, 들음으로써	🔋 **la musica** [라 무(z)지카]	음악
🔋 **leggendo** [렛쟨도]	읽으면서, 읽음으로써	🔋 **prendendo** [프렌댄도]	마시면서, 마심으로써

밑줄 쫙-
오늘의 문형 🎧 MP3 16-03

🍅 '~하면서 ~하다'라는 표현과 같이 동시 동작을 나타내기 위해 두 개의 동사가 한 문장에 사용되었을 때 하나의 동사에만 시제 변화를 적용합니다. 이때 나머지 동사는 동작의 진행을 나타내는 형태로 바뀌고, 이 바뀐 형태를 제룬디오(gerundio)라고 부릅니다.

🇰🇷 나는 친구와 말하면서 파스타를 먹는다.

🇮🇹 Mangio gli spaghetti parlando con gli amici.

🍅 -are, -ere, -ire 동사를 제룬디오 형태로 바꿀 때 다음의 규칙을 따릅니다.

-are	➡	-ando
-ere	➡	-endo
-ire	➡	-endo

mangiare	먹다	➡	mangiando	먹으면서
parlare	말하다	➡	parlando	말하면서
ascoltare	듣다	➡	ascoltando	들으면서
leggere	읽다	➡	leggendo	읽으면서
prendere	마시다	➡	prendendo	마시면서

나는 친구들과 말하면서 파스타를 먹어. → 나는 먹는다 / 파스타를 / 말하면서 / 친구들과

Mangio la pasta parlando con gli amici.

너는 파스타를 먹으면서 이탈리아어를 말한다.

Parli l'italiano mangiando la pasta.

마르코는 파스타를 먹으면서 음악을 듣는다.

Marco ascolta la musica mangiando la pasta.

우리는 친구들과 말하면서 음악을 듣는다.

Ascoltiamo la musica parlando con gli amici.

나는 음악을 들으면서 책을 읽는다.

Leggo il libro ascoltando la musica.

우리는 라자냐를 먹으면서 책을 읽는다.

Leggiamo il libro mangiando le lasagne.

너희는 음악을 들으면서 커피를 마신다.

Prendete un caffè ascoltando la musica.

그들은 파스타를 먹으면서 와인을 마신다.

Prendono il vino mangiando la pasta.

너는 파스타를 먹으면서 와인을 마시는구나!

Prendi il vino mangiando la pasta!

맞아. 우리는 와인을 마시면서 파스타를 먹지.

Esatto. Mangiamo la pasta prendendo il vino.

오늘은 행복한 토요일이야!

Oggi è un felice sabato!

맞아. 나는 커피를 마시면서 음악을 들어.

Esatto. Ascolto la musica prendendo un caffè.

 상대의 말에 공감을 표현해 보세요.

crescendo [크레쉔도]	커지면서, 성장하면서
Esatto! [에(z)잗토]	맞아!, 확실해!, 바로 그거야!

연습 문제

1 제시된 동사의 <u>제룬디오</u> 형태를 써 보세요.

1. parlare ➡ _____

2. vendere ➡ _____

3. partire ➡ _____

2 다음 문장을 이탈리아어로 바꿔 말하고 적어 보세요.

1. 나는 친구들과 말하면서 파스타를 먹는다.

➡ _____

2. 나는 음악을 들으면서 책을 읽는다.

➡ _____

3. 나는 커피를 마시면서 음악을 듣는다.

➡ _____

정답 문제 **1** 1. parlando / 2. vendendo / 3. partendo
문제 **2** 1. Mangio la pasta parlando con gli amici. / 2. Leggo il libro ascoltando la musica. /
3. Ascolto la musica prendendo un caffè.

Lezione

17

diciassette

나는 너에 대해
생각하는 중이야.

Lezione 17 전체
원어민 음원 듣기

Che cosa stai facendo?

너는 무엇을 하는 중이야?

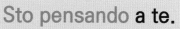

Sto pensando a te.

나는 너에 대해
생각하는 중이지.

준비 단어

🎧 MP3 17-02

🎤 **stare** [스타레]	(상태가) ~이다	🎤 **dormendo** [도ㄹ맨도]	자면서, 자는 중인
🎤 **fare** [(f)퐈레]	하다, 만들다, ~하게 하다	🎤 **il bambino** [일 밤비노]	남자 아이, 남자 아기
🎤 **facendo** [(f)퐈챈도]	하고 있는, 만들고 있는	🎤 **la bambina** [라 밤비나]	여자 아이, 여자 아기
🎤 **pensando** [펜싼도]	생각하면서, 생각하는 중인	🎤 **già** [좌]	이미, 벌써

🍅 현재 진행 시제는 stare의 현재형에 동작의 진행을 나타내는 제룬디오를 결합한 형태로 나타냅니다. 현재 진행 시제로 쓰인 동사는 '~하고 있다, ~하는 중이다'로 해석합니다.

stare의 현재형			제룬디오
sto	stiamo		−ando
stai	state	**+**	−endo
sta	stanno		−endo

🍅 fare는 불규칙동사인 점에 주의하며 다음 제룬디오 형태 변화표를 소리 내어 읽어 보세요.

하다, 만들다		하고 있는, 만들고 있는
fare	➡	**facendo**
생각하다		생각하면서, 생각하는 중인
pensare	➡	**pensando**
자다		자면서, 자는 중인
dormire	➡	**dormendo**

너는 무엇을 하니?

Che cosa fai?

너는 무엇을 하는 중이니?

Che cosa stai facendo**?**

나는 숙제를 해.

Faccio i compiti.

나는 숙제를 하는 중이야.

Sto facendo **i compiti.**

너는 무엇을 생각하니?

Che cosa pensi?

너는 무엇을 생각하는 중이니?

Che cosa stai pensando**?**

나는 너에 대해 생각하는 중이야.

Sto pensando **a te.**

너 마르코에 대해 생각하는 중이야?

Stai pensando **a Marco?**

마르코는 마리아에 대해 생각하는 중이 아니다.

Marco non sta pensando **a Maria.**

(여)아기는 자는 중이야.

La bambina sta dormendo**.**

우리는 자는 중이 아니야.

Non stiamo dormendo**.**

너희 벌써 자는 중이니?

Già state dormendo**?**

(남)아기들은 벌써 자는 중이야.

I bambini già stanno dormendo**.**

마리아는 무엇을 하는 중이야?
Che cosa sta facendo Maria?

그녀는 너에 대해 생각하는 중이야.
Sta pensando a te.

쉿! 아기가 자는 중이야.
Ssst! Il bambino sta dormendo.

죄송해요.
Mi scusi.

 실수했을 때 이렇게 사과해 보세요.

il silenzio [일 씰렌치오]   침묵, 조용함

Mi scusi! [미 스쿠(z)지]   저를 용서하세요!, 죄송합니다!

콕콕 실력 확인
연습 문제

1 다음 문장을 <u>현재 진행 시제</u>의 문장으로 바꿔 보세요.

1. Che cosa fai?

   ➡ _____

   너는 무엇을 하니?

   너는 무엇을 하는 중이니?

2. Faccio i compiti.

   ➡ _____

   나는 숙제를 해.

   나는 숙제를 하는 중이야.

3. Che cosa pensi?

   ➡ _____

   너는 무엇을 생각하니?

   너는 무엇을 생각하는 중이니?

2 다음 문장을 이탈리아어로 바꿔 말하고 적어 보세요.

1. 너는 무엇을 하는 중이니?

   ➡ _____

2. 나는 너에 대해 생각하는 중이야.

   ➡ _____

3. (남)아기가 자는 중이야.

   ➡ _____

> **정답** 문제 **1** 1. Che cosa stai facendo? / 2. Sto facendo i compiti. / 3. Che cosa stai pensando?
> 문제 **2** 1. Cosa stai facendo? / 2. Sto pensando a te. / 3. Il bambino sta dormendo.

Lezione

18
diciotto

어제 파스타를
먹었다.

Lezione 18 전체
원어민 음원 듣기

한 눈에 쏙! 오늘의 표현

Cosa hai mangiato **ieri?**
너는 어제 무엇을 먹었니?

Ho mangiato **la pasta ieri. E tu?**
나는 어제 파스타를 먹었어. 너는?

준비 단어

🎧 MP3 18-02

🔍 **avere** [아(v)붸레]	완료시제의 조동사	🔍 **venduto** [(v)붼두토]	판, 판매한
🔍 **mangiato** [만좌토]	먹은	🔍 **pulito** [푸리토]	청소한, 깨끗하게 한
🔍 **ieri** [이애리]	어제	🔍 **la macchina** [라 막키나]	자동차, 기계

🍅 타동사의 근과거 시제는 완료된 동작에 대해 말할 때 사용합니다. 완료시제의 조동사로 사용되는 avere의 현재형에 동작의 완료를 의미하는 과거분사를 결합하여 근과거 시제를 만듭니다. 근과거 시제로 쓰인 동사는 '~했다'로 해석합니다.

avere의 현재형			과거분사
ho	abbiamo		−ato
hai	avete	**+**	−uto
ha	hanno		−ito

🍅 -are, -ere, -ire 동사를 과거분사 형태로 바꿀 때 다음 규칙을 따릅니다.

−are	➡	−ato
−ere	➡	−uto
−ire	➡	−ito

mangiare	먹다	➡	**mangiato**	먹은
vendere	팔다	➡	**venduto**	판
pulire	청소하다	➡	**pulito**	청소한

너는 어제 무엇을 먹었니?

Che cosa hai mangiato **ieri?**

나는 어제 파스타를 먹었어.

Ho mangiato **la pasta ieri.**

마르코는 어제 파스타를 먹었어.

Marco ha mangiato **la pasta ieri.**

우리는 어제 티라미수를 먹었어.

Abbiamo mangiato **il tiramisù ieri.**

너희는 어제 티라미수를 먹지 않았다.

Non avete mangiato **il tiramisù ieri.**

그들은 오늘 티라미수를 먹었다.

Hanno mangiato **il tiramisù oggi.**

나는 오늘 내 자동차를 팔았어.

Ho venduto **la mia macchina oggi.**

너의 책들을 팔았니?

Hai venduto **i tuoi libri?**

마르코가 그의 차를 어제 팔았대.

Marco ha venduto **la sua macchina ieri.**

너희들은 집을 청소 안 했니?

Non avete pulito **la casa?**

우리는 집을 청소했어.

Abbiamo pulito **la casa.**

그들은 어제 집을 청소했어.

Hanno pulito **la casa ieri.**

오늘의 회화 🎧 MP3 18-04

실력이 쭈~욱

어제 무엇을 먹었니?
Cosa hai mangiato **ieri?**

나는 어제 파스타를 먹었어. 너는?
Ho mangiato **la pasta ieri. E tu?**

너희들은 집을 청소했니?
Avete pulito **la casa?**

당연하죠. 우리는 집을 청소했어요.
Certo! Abbiamo pulito **la casa.**

 이해했는지 확인할 때 이렇게 말해 보세요.

l'autobus [라우토부씨] 　　　　　　　　버스

Hai capito? [아이 카피토] 　　　　　　이해했어?

연습 문제

1 다음 문장을 <u>근과거 시제</u>의 문장으로 바꿔 보세요.

1. Che cosa mangi?

   ➡ _____

   너는 무엇을 먹니?

   너는 무엇을 먹었니?

2. Mangio la pasta.

   ➡ _____

   나는 파스타를 먹는다.

   나는 파스타를 먹었다.

3. Vendo la mia macchina oggi.

   ➡ _____

   나는 오늘 내 자동차를 판다.

   나는 오늘 내 자동차를 팔았다.

2 다음 문장을 이탈리아어로 바꿔 말하고 적어 보세요.

1. 나는 어제 파스타를 먹었다.

   ➡ _____

2. 너는 자동차를 팔았다.

   ➡ _____

3. 우리는 집을 청소했다.

   ➡ _____

> **정답** 문제 **1** 1. Che cosa hai mangiato? / 2. Ho mangiato la pasta. / 3. Ho venduto la mia macchina oggi.
> 문제 **2** 1. Ho mangiato la pasta ieri. / 2. Hai venduto la macchina. / 3. Abbiamo pulito la casa.

Lezione
19
diciannove

책을 읽고
글을 썼다.

Lezione 19 전체
원어민 음원 듣기

한 눈에 쏙! 오늘의 표현

Cosa hai fatto ieri?

어제 무엇을 했니?

Ho letto **il libro** e ho scritto.

나는 책을 읽었고 글을 썼어.

준비 단어

🎧 MP3 19-02

🎤 **fatto**
[(f)퐡토]　　　　한, 만든

🎤 **letto**
[랟토]　　　　읽은

🎤 **tanto**
[탄토]　　　　많은

🎤 **la settimana scorsa**
[라 쎄티마나 스코르싸]

🎤 **scritto**
[ㅅ크맅토]　　　　쓴

🎤 **il diario**
[일 디아리오]　　　　일기

🎤 **la lettera**
[라 렡테라]　　　　편지

지난주, 지난주에

🍅 근과거 시제는 과거에 완료된 동작을 나타냅니다. 동사 원형이 과거분사로 변화할 때 기본 규칙이 그대로 적용되지 않는 예외의 경우가 있습니다. 불규칙 과거분사가 포함된 근과거 시제에 주의하며, 다음 근과거 시제 변화표를 소리 내어 읽어 보세요.

fare 하다, 만들다 → avere + fatto 했다, 만들었다

Io	ho fatto	Noi	abbiamo fatto
Tu	hai fatto	Voi	avete fatto
Lui/Lei/Lei	ha fatto	Loro	hanno fatto

leggere 읽다 → avere + letto 읽었다

Io	ho letto	Noi	abbiamo letto
Tu	hai letto	Voi	avete letto
Lui/Lei/Lei	ha letto	Loro	hanno letto

scrivere 쓰다 → avere + scritto 썼다

Io	ho scritto	Noi	abbiamo scritto
Tu	hai scritto	Voi	avete scritto
Lui/Lei/Lei	ha scritto	Loro	hanno scritto

너는 어제 무엇을 했니?

Che cosa hai fatto ieri?

그녀는 지난주에 무엇을 했니?

Cosa ha fatto la settimana
scorsa?

나는 어제 두 권의 책을 읽었어.

Ieri ho letto due libri.

루치아는 많은 책을 읽었다.

Lucia ha letto tanti libri.

나는 어제 일기를 썼어.

Ieri ho scritto il diario.

내가 어제 무엇을 했더라?

Cosa ho fatto ieri?

너희는 지난주에 무엇을 했니?

Cosa avete fatto la settimana
scorsa?

어제 너는 두 권의 책을 읽었구나.

Ieri hai letto due libri.

우리는 어제 편지 한 통을 썼어.

Ieri abbiamo scritto una lettera.

너희는 지난주에 편지들을 썼다.

Avete scritto le lettere la settimana scorsa.

그들은 지난주에 일기를 썼다.

Hanno scritto il diario la settimana scorsa.

어제 무엇을 했니?
Cosa hai fatto ieri?

나는 책을 읽었고 글을 썼어.
Ho letto il libro e ho scritto.

너희들은 지난주에 무엇을 했니?
Cosa avete fatto la settimana scorsa?

우리는 지난주에 많은 책을 읽었어.
Abbiamo letto tanti libri la settimana scorsa.

한 마디 plus+   '잘했다'라고 응원의 말을 전해 보세요.

l'altro ieri [랄트로 이애리]   그저께

Hai fatto bene! [아이 (f)퐡토 배네]   잘했어!

연습 문제

1 다음 문장을 <u>근과거 시제</u>의 문장으로 바꿔 보세요.

1. Che cosa fai oggi?

   ➡ _____

   너는 오늘 무엇을 하니?
   너는 어제 무엇을 했니?

2. Cosa fa questa settimana?

   ➡ _____

   (그녀는) 이번 주에 무엇을 해?
   (그녀는) 지난주에 무엇을 했니?

3. Oggi leggo due libri.

   ➡ _____

   나는 오늘 두 권의 책을 읽는다.
   나는 어제 두 권의 책을 읽었다.

2 다음 문장을 이탈리아어로 바꿔 말하고 적어 보세요.

1. 나는 책을 읽었고 글을 썼다.

   ➡ _____

2. 너는 어제 무엇을 했니?

   ➡ _____

3. 우리는 지난주에 많은 책을 읽었어.

   ➡ _____

정답 문제 **1** 1. Che cosa hai fatto ieri? / 2. Cosa ha fatto la settimana scorsa? / 3. Ieri ho letto due libri.
문제 **2** 1. Ho letto il libro e ho scritto. / 2. Cosa hai fatto ieri? /
3. Abbiamo letto tanti libri la settimana scorsa.

Lezione
20
venti

지난주에
피렌체에 갔다.

Lezione 20 전체
원어민 음원 듣기

한 눈에 쏙! 오늘의 표현

Cosa hai fatto la settimana scorsa?
지난주에 무엇을 했니?

Sono andata a Firenze la settimana scorsa.
나는 지난주에 피렌체에 갔어.

준비 단어

🎤 andato/a [안다토/타]	간		🎤 in vacanza [인 (v)봐칸차]	휴가에
🎤 venuto/a [(v)붸누토/타]	온		🎤 per le vacanza [페르 레 (v)봐칸체]	휴가로, 휴가를 위하여
🎤 arrivato/a [아(rr)리(v)바토/타]	도착한		🎤 la monatagna [라 몬탄냐]	산
🎤 la vacanza [라 (v)봐칸차]	휴가, 바캉스		🎤 in montagna [인 몬탄냐]	산에

🍅 직접목적어를 필요로 하지 않는 동사를 자동사라고 부릅니다. 자동사의 근과거 시제는 조동사 essere의 현재형에 자동사의 과거분사를 결합하여 나타냅니다.

essere의 현재형 + 과거분사

sono		-ato/a	siamo		-ati/e
sei	**+**	-uto/a	siete	**+**	-uti/e
è		-ito/a	sono		-iti/e

🍅 자동사의 근과거 시제에서 과거분사는 주어의 성과 수에 일치합니다.

andare	가다	➡	andato/a/i/e	간
venire	오다	➡	venuto/a/i/e	온
arrivare	도착하다	➡	arrivato/a/i/e	도착한
uscire	나가다	➡	uscito/a/i/e	나간
partire	출발하다	➡	partito/a/i/e	출발한

나는 휴가를 갔다.

Sono andato in vacanza.   Sono andata in vacanza.

너는 어디에 갔니?

Dove sei andato?   Dove sei andata?

마르코는 밀라노에 갔어.   루치아는 바리에 갔어.

Marco è andato a Milano.   Lucia è andata a Bari.

우리는 산에 갔다.

Siamo andati in montagna.   Siamo andate in montagna.

나는 휴가로 이탈리아에 왔다. → 나는 왔다 / 이탈리아에 / 휴가를 위하여

Sono venuto in Italia per le vacanze.
Sono venuta in Italia per le vacanze.

루치아가 우리집에 왔어.   루카와 루치아가 우리집에 왔어.

Lucia è venuta da me.   Luca e Lucia sono venuti da me.

나는 집에 도착했다.

Sono arrivato a casa.   Sono arrivata a casa.

루카는 밀라노에 도착했다.   그들은 베네치아에 도착하지 않았다.

Luca è arrivato a Milano.   Non sono arrivati a Venezia.

실력이 쭈~욱

오늘의 회화 🎧 MP3 20-04

지난주에 무엇을 했니?

Cosa hai fatto la settimana scorsa?

나는 지난주에 피렌체에 갔어.

Sono andata a Firenze la settimana scorsa.

너희들은 지난주에 무엇을 했니?

Cosa avete fatto la settimana scorsa?

우리는 지난주에 휴가로 나폴리에 갔어.

Siamo andati a Napoli per le vacanze.

 휴가를 떠날 때 이렇게 인사해 보세요.

l'arrivo [라(rr)리(v)보]   도착

Buone vacanze! [부어네 (v)봐칸체]   좋은 휴가 보내!

연습 문제

1 다음 문장을 <u>근과거 시제</u>의 문장으로 바꿔 보세요.

1. Vado in vacanza.

   ➡ _____

   나는 휴가를 간다.

   나는 휴가를 갔다.

2. Andiamo in montagna.

   ➡ _____

   우리는 산에 간다.

   우리는 산에 갔다.

3. Vengo in Italia per le vacanze.

   ➡ _____

   나는 휴가로 이탈리아에 온다.

   나는 휴가로 이탈리아에 왔다.

2 다음 문장을 이탈리아어로 바꿔 말하고 적어 보세요.

1. 나는 지난주에 피렌체에 갔다.

   ➡ _____

2. 그들이 우리집에 왔다.

   ➡ _____

3. 루카가 밀라노에 도착했어.

   ➡ _____

> **정답**
> 문제 **1** 1. Sono andato/a in vacanza. / 2. Siamo andati/e in montagna. /
> 3. Sono venuto/a in Italia per le vacanze.
> 문제 **2** 1. Sono andato/a a Firenze la settimana scorsa. / 2. Loro sono venuti/e da me. /
> 3. Luca è arrivato a Milano.

Lezione

21
ventuno

나는 7시에
일어났다.

Lezione 21 전체
원어민 음원 듣기

한 눈에 쏙! 오늘의 표현

A che ora vi **siete** alzate?
너희는 몇 시에 일어났니?

Ci siamo alzate alle 7.
우리는 7시에 일어났어.

준비 단어

🎧 MP3 21-02

- **alzato/a**
  [알차토/타] 일어난

- **lavato/a**
  [라바토/타] 씻은

- **alle + 숫자**
  [알레] ~시에

- **a che ora**
  [아 케 어라] 몇 시에

- **le mani**
  [레 마니] 손들, 양손

밑줄 쫙~
오늘의 문형 🎧 MP3 21-03

🍅 재귀동사의 근과거 시제는 조동사 essere의 현재형에 재귀동사의 과거분사를 결합하여 나타냅니다. 이때 재귀대명사는 essere 동사 앞에 위치합니다.

> 재귀대명사 + essere 현재형 + 과거분사

mi sono		−ato/a	ci siamo		−ati/e
ti sei	**+**	−uto/a	vi siete	**+**	−uti/e
si è		−ito/a	si sono		−iti/e

🍅 재귀동사의 근과거 시제에서 과거분사는 주어의 성과 수에 일치합니다.

> alzarsi 일어나다 → 일어났다

Io	mi sono alzato/a	Noi	ci siamo alzati/e
Tu	ti sei alzato/a	Voi	vi siete alzati/e
Lui/Lei/Lei	si è alzato/a	Loro	si sono alzati/e

> lavarsi 씻다 → 씻었다

Io	mi sono lavato/a	Noi	ci siamo lavati/e
Tu	ti sei lavato/a	Voi	vi siete lavati/e
Lui/Lei/Lei	si è lavato/a	Loro	si sono lavati/e

나는 7시에 일어났다. → 내 스스로를 / 나는 일으켰다 / 7시에

Mi **sono** alzato **alle** 7.　　　　　Mi **sono** alzata **alle** 7.

너는 일어났다.

Ti **sei** alzato.　　　　　　　Ti **sei** alzata.

너는 몇 시에 일어났니?　　　　　　루치아는 6시에 일어났어.

A che ora ti sei alzato?　　　Lucia si è alzata alle 6.

우리는 어제 8시에 일어났어.

Ieri ci siamo alzati alle 8.　　Ieri ci siamo alzate alle 8.

너희는 어제 몇 시에 일어났니?　　　그녀들은 어제 10시에 일어났다.

Ieri a che ora vi siete alzati?　Ieri si sono alzate alle 10.

나는 내 손을 씻었다. → 내 스스로를 / 나는 씻겼다 / 손들을

Mi **sono** lavato **le** mani.　　　　Mi **sono** lavata **le** mani.

너는 손을 씻었니?　　　　　　　　그들은 손을 씻었다.

Ti **sei** lavato **le** mani?　　　Si **sono** lavati **le** mani.

보통 '손을 씻는다'고 말할 때는 양손을 씻는 상황을 가정하므로 손의 복수형 명사인 le mani를 사용하여 표현합니다.

실력이 쭈~욱
오늘의 회화 🎧 MP3 21-04

너는 어제 몇 시에 일어났니?
Ieri a che ora ti sei alzato?

나는 어제 6시에 일어났어.
Ieri mi **sono** alzato **alle 6.**

너희들은 몇 시에 일어났니?
A che ora vi **siete** alzate?

우리는 7시에 일어났어.
Ci siamo alzate **alle 7.**

당신은 손을 씻으셨나요? 저는 손을 씻었습니다.
Si è lavata **le mani? Mi sono** lavato **le mani.**

네, 저는 손을 씻었습니다.
Sì, mi **sono** lavata **le mani.**

 자주 쓰이는 시간 부사를 알아봅시다.

| subito [쑤비토] | 곧 바로 |
| ogni tanto [온니 탄토] | 때때로 |

146 한권 한달 완성 이탈리아어 말하기 Lv. 2

연습 문제

1 다음 문장을 <u>근과거 시제</u>의 문장으로 바꿔 보세요.

1. Mi lavo le mani.

   ➡ _____

   나는 내 손을 씻는다.

   나는 내 손을 씻었다.

2. A che ora ti alzi?

   ➡ _____

   너는 몇 시에 일어나니?

   너는 몇 시에 일어났니?

3. Ci alziamo alle 7.

   ➡ _____

   우리는 7시에 일어난다.

   우리는 7시에 일어났다.

2 다음 문장을 이탈리아어로 바꿔 말하고 적어 보세요.

1. 나는 7시에 일어났다.

   ➡ _____

2. 너희는 몇 시에 일어났니?

   ➡ _____

3. 그들은 손을 씻었다.

   ➡ _____

정답 문제 **1** 1. Mi sono lavato/a le mani. / 2. A che ora ti sei alzato/a? / 3. Ci siamo alzati/e alle 7.
문제 **2** 1. Mi sono alzato/a alle 7. / 2. A che ora vi siete alzati/e? / 3. Si sono lavati/e le mani.

Lezione

22

ventidue

피아노를 매일
연주하곤 했다.

Lezione 22 전체
원어민 음원 듣기

Da bambino, correvo tutti i giorni.
나는 어릴 때 매일 달리곤 했어.

Da bambina, suonavo il pianoforte tutti i giorni.
나는 어릴 때 매일 피아노를 치곤 했어.

준비 단어

🎧 MP3 22-02

suonare [쑤오나레]	(악기를) 연주하다	correre [코(rr)레레]	달리다, 뛰다
il pianoforte [일 피아노(f)퍼르테]	피아노	dormire [도르미레]	자다
da bambino/a [다 밤비노/나]	어릴 적에, 어렸을 때	lungo la spiaggia [룽고 라 스피앗좌]	해변을 따라
durante le vacanze [두란테 레 (v)봐칸체]	휴가 동안, 방학 동안	sotto le stelle [쏱토 레 스텔레]	별들 아래에

밑줄 쫙-
오늘의 문형 🎧 MP3 22-03

🍅 불완료과거(반과거) 시제는 과거에 반복했던 습관, 과거 행위의 진행, 과거의 묘사를 나타낼 때 쓰입니다. 동사의 불완료과거형은 주어의 인칭과 수에 따라 동사의 어미가 다음과 같이 변화합니다.

-are		-ere		-ire	
-avo	-avamo	-evo	-evamo	-ivo	-ivamo
-avi	-avate	-evi	-evate	-ivi	-ivate
-ava	-avano	-eva	-evano	-iva	-ivano

🍅 다음 세 동사의 불완료과거 변화표를 소리 내어 읽어 보세요.

suonare 연주하다 → 연주하곤 했다, 연주하고 있었다

Io	suonavo	Noi	suonavamo
Tu	suonavi	Voi	suonavate
Lui/Lei/Lei	suonava	Loro	suonavano

correre 달리다, 뛰다 → 뛰곤 했다, 뛰고 있었다

Io	correvo	Noi	correvamo
Tu	correvi	Voi	correvate
Lui/Lei/Lei	correva	Loro	correvano

dormire 자다 → 자곤 했다, 자고 있었다

Io	dormivo	Noi	dormivamo
Tu	dormivi	Voi	dormivate
Lui/Lei/Lei	dormiva	Loro	dormivano

나는 피아노를 매일 연주하곤 했다. → 나는 연주하곤 했다 / 피아노를 / 매일

Suonavo il pianoforte tutti i giorni.

어릴 적 너는 피아노를 연주하곤 했다.

Da bambino, suonavi il pianoforte.

어릴 적 루치아는 매일 피아노를 연주하곤 했다.

Da bambina, Lucia suonava il pianoforte tutti i giorni.

우리는 해변을 따라 매일 달리곤 했다.

Correvamo lungo la spiaggia tutti i giorni.

너희는 해변을 따라 매일 달리곤 했다.

Correvate lungo la spiaggia tutti i giorni.

휴가 때 그들은 늦게 자곤 했다.

Durante le vacanze, dormivano tardi.

휴가 때 그들은 별 아래에서 자곤 했다.

Durante le vacanze, dormivano sotto le stelle.

과거의 행동이나 상황에 대해 사진을 보고 얘기하듯 언급하는 것은 근과거, 영상을 돌려보는 듯 생동감을 살려 묘사하는 것은 불완료과거로 이해해 볼 수 있습니다.

예	사랑했다	vs.	사랑하고 있었다
	Ho amato.		Amavo.

오늘의 회화 🎧 MP3 22-04

어릴 때 나는 매일 달리곤 했어.
Da bambino, correvo **tutti i giorni.**

우리는 어릴 때 피아노를 매일 치곤 했어.
Da bambine, suonavamo
il pianoforte tutti i giorni.

휴가 때 나는 별 아래에서 잠을 자곤 했어.
Durante le vacanze, dormivo **sotto le stelle.**

휴가 동안 우리는 해변을 따라 뛰곤 했어.
Durante le vacanze,
correvamo **lungo la spiaggia.**

 기억력이 좋은 친구를 칭찬해 보세요.

il ricordo [일 (r)리코르도]   추억, 기억

Che memoria! [케 메모리아]   기억력 좋다!

콕콕 실력 확인
연습 문제

1 다음 문장을 <u>불완료과거 시제</u>의 문장으로 바꿔 보세요.

1. Suono il pianoforte tutti i giorni.   나는 피아노를 매일 연주한다.
   ➡ _____   나는 피아노를 매일 연주하곤 했다.

2. Tu dormi sotto le stelle.   너는 별 아래에서 잔다.
   ➡ _____   너는 별 아래에서 자곤 했다.

3. Lucia suona il pianoforte.   루치아는 피아노를 연주한다.
   ➡ _____   루치아는 피아노를 연주하곤 했다.

2 다음 문장을 이탈리아어로 바꿔 말하고 적어 보세요.

1. 나는 피아노를 매일 연주하곤 했다.
   ➡ _____

2. 우리는 해변을 따라 뛰곤 했다.
   ➡ _____

3. 그들은 휴가 때 별 아래에서 자곤 했다.
   ➡ _____

> **정답**   문제 **1** 1. Suonavo il pianoforte tutti i giorni. / 2. Tu dormivi sotto le stelle. /
>   3. Lucia suonava il pianoforte.
>   문제 **2** 1. Suonavo il pianoforte tutti i giorni. / 2. Correvamo lungo la spiaggia. /
>   3. Durante le vacanze, dormivano sotto le stelle.

Lezione
23
ventitré

마리오는 때때로 운동을 하곤 했다.

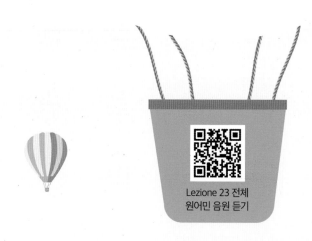

Lezione 23 전체
원어민 음원 듣기

Quando avevi
19 anni, cosa facevi?

19살 때 넌 무엇을 하곤 했니?

A volte
facevo **sport.**

나는 때때로 운동을 하곤 했지.

준비 단어

🎧 MP3 23-02

🎤 **fare**	하다, 만들다,	🎤 **bere**	
[(f)파레]	하게 하다	[베(r)레]	마시다
🎤 **a volte**		🎤 **spesso**	
[아 (v)뷜테]	때때로, 종종	[스펫소]	자주
🎤 **quando**		🎤 **un bicchiere di** + 명사	
[쿠안도]	언제, 때	[운 빅키애레 디]	한 잔의 ~

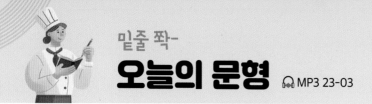
🍅 '언제, 때'를 의미하는 quando와 나이를 표현할 때 사용하는 'avere + 숫자 + anni'를 합쳐 '~ 살이었을 때'라는 표현을 만들 수 있습니다.

> 내가 열 살이었을 때 → 때 / 내가 가지고 있었다 / 10살
>
> **quando avevo dieci anni**

🍅 fare, avere, bere는 불규칙 동사라는 사실을 기억하며, 세 동사의 불완료과거 변화표를 소리 내어 읽어 보세요.

fare 하다, 만들다, 하게 하다 → 하곤 했다, 하고 있었다

Io	facevo	Noi	facevamo
Tu	facevi	Voi	facevate
Lui/Lei/Lei	faceva	Loro	facevano

avere 가지다 → 가지곤 했다, 가지고 있었다

Io	avevo	Noi	avevamo
Tu	avevi	Voi	avevate
Lui/Lei/Lei	aveva	Loro	avevano

bere 마시다 → 마시곤 했다, 마시고 있었다

Io	bevevo	Noi	bevevamo
Tu	bevevi	Voi	bevevate
Lui/Lei/Lei	beveva	Loro	bevevano

나는 매일 운동을 하곤 했다.

Tutti i giorni faceva **sport.**

너는 어릴 때 무엇을 하곤 했니?

Da bambino/a, cosa facevi**?**

마리오는 때때로 운동을 하곤 했다.

A volte Mario faceva **sport.**

그녀는 자주 운동을 하곤 했다.

Spesso faceva **sport.**

너가 20살이었을 때, 무엇을 하곤 했니?

Quando avevi **vent'anni, cosa** facevi**?**

내가 20살이었을 때, 종종 운동을 하곤 했어.

Quando avevo **vent'anni, a volte** facevo **sport.**

내가 10살이었을 때, 나는 우유를 매일 마시곤 했어.

Quando avevo **dieci anni,** bevevo **il latte tutti i giorni.**

나는 커피 한 잔을 자주 마시곤 했어.

Bevevo **spesso un caffè.**

우리는 와인 한 잔을 자주 마시곤 했어

Bevevamo **spesso un bicchiere di vino.**

이탈리아 사람들은 와인 한 잔을 매일 마시곤 했어.

Gli italiani bevevano **tutti i giorni un bicchiere di vino.**

어릴 때 너희는 무엇을 하곤 했니?
Da bambine, cosa facevate**?**

우리는 때때로 운동을 하곤 했어.
A volte facevamo **sport.**

너희가 19살 때, 무엇을 하곤 했니?
Quando avevate **19 anni, cosa** facevate**?**

우리가 19살 때, 운동을 하곤 했고 우유를 매일 마시곤 했지.
Quando avevamo **19 anni,** facevamo **sport
e** bevevamo **il latte tutti i giorni.**

 몰랐던 사실에 이렇게 반응해 보세요.

sapere [싸뻬레]	(지식적으로) 알다
Non lo sapevo! [논 로 싸뻬(v)보]	몰랐어!

연습 문제

콕콕 실력 확인

1 다음 문장을 불완료과거 시제의 문장으로 바꿔 보세요.

1. Tutti i giorni faccio sport.
   ➡ _____

   나는 매일 운동을 한다.
   나는 매일 운동을 하곤 했다.

2. Bevo il latte tutti i giorni.
   ➡ _____

   나는 우유를 매일 마신다.
   나는 우유를 매일 마시곤 했다.

3. Tu bevi spesso un caffè.
   ➡ _____

   너는 커피 한 잔을 자주 마신다.
   너는 커피 한 잔을 자주 마시곤 했다.

2 다음 문장을 이탈리아어로 바꿔 말하고 적어 보세요.

1. 마리오는 때때로 운동을 하곤 했다.
   ➡ _____

2. 우리는 우유를 매일 마시곤 했다.
   ➡ _____

3. 나는 커피 한 잔을 자주 마시곤 했어.
   ➡ _____

정답   문제 **1** 1. Tutti i giorni facevo sport. / 2. Bevevo il latte tutti i giorni. / 3. Tu bevevi spesso un caffè.
문제 **2** 1. A volte Mario faceva sport. / 2. Bevevamo il latte tutti i giorni. / 3. Bevevo spesso un caffè.

Lezione
24
ventiquattro

피렌체의 하늘은
파랬다.

Lezione 24 전체
원어민 음원 듣기

Come era **Firenze?**

피렌체는 어땠어?

Il cielo di Firenze era **molto azzurro.**

피렌체의 하늘은 아주 파랬어.

준비 단어

🎧 MP3 24-02

🎤 **basso** [밧쏘]	키가 작은, 낮은	🎤 **anno fa** [안노 (f)퐈]	~년 전
🎤 **carino** [카리노]	귀여운, 사랑스러운	🎤 **10 anni fa** [디애취 안니 (f)퐈]	10년 전
🎤 **azzurro** [앝주(rr)로]	파란, 하늘색의	🎤 **15 anni fa** [퀸디취 안니 (f)퐈]	15년 전
🎤 **vecchio** [(v)붹키오]	늙은, 낡은, 오래된	🎤 **tranquillo** [트란쿠일로]	조용한, 침착한

🍅 불완료과거(반과거)는 과거의 지속적인 모습을 묘사할 때 사용합니다. 과거의 상태나 과거의 상황에 대해 설명하는 경우에는 essere 동사의 불완료과거를 활용하여 '~이었다'라는 의미를 전달 할 수 있습니다.

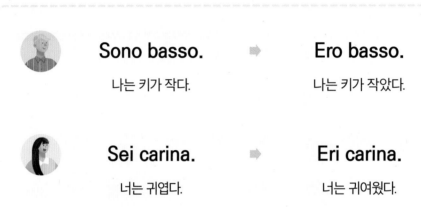

Sono basso.	➡	**Ero basso.**	
나는 키가 작다.		나는 키가 작았다.	
Sei carina.	➡	**Eri carina.**	
너는 귀엽다.		너는 귀여웠다.	

🍅 essere는 불규칙 동사라는 사실을 기억하며, essere 동사의 불완료과거 변화표를 소리 내어 읽어 보세요.

essere 이다, 있다 → ~이었다, ~에 있었다

Io	ero	Noi	eravamo
Tu	eri	Voi	eravate
Lui/Lei/Lei	era	Loro	erano

나는 어릴 때 키가 작았다. → 어릴 때 / 나는 이었다 / 작은

Da bambino, ero basso.

너가 10살이었을 때, 귀여웠어.

Quando avevi 10 anni, eri carina.

피렌체의 하늘은 파랬다.

Il cielo di Firenze era azzurro.

그 집은 오래되었다.

La casa era vecchia.

10년 전, 너희는 어땠니?

10 anni fa, come eravate?

10년 전, 우리는 키가 작았다.

10 anni fa, eravamo bassi.

15년 전, 너희는 귀여웠니?

15 anni fa, eravate carini?

15년 전, 그들은 귀여웠어.

15 anni fa, erano carini.

10년 전, 마르코는 어땠니?

10 anni fa, come era Marco?

10년 전, 마르코는 아주 조용했어.

10 anni fa, Marco era molto tranquillo.

Flory's Tip

'숫자 + anno fa' 문형에서 2 이상의 숫자 뒤에는 anno의 복수형인 anni를 사용함에 주의하세요.

예 10년 전   10 anni fa

실력이 쭈~욱
오늘의 회화 🎧 MP3 24-04

피렌체는 어땠어?
Come era **Firenze?**

피렌체의 하늘은 아주 파랬어.
Il cielo di Firenze era **molto azzurro.**

10년 전, 너는 어땠어?
10 anni fa, come eri**?**

10년 전, 나는 키가 작고 조용했어.
10 anni fa, ero **basso e tranquillo.**

 젊은 시절을 회상할 때 이런 표현을 써보세요.

il passato [일 팟사토]   과거

Quando ero giovane... [쿠안도 애로 죠(v)봐네]   내가 젊었을 때는 말이야...

연습 문제

1 다음 문장을 <u>불완료과거 시제</u>의 문장으로 바꿔 보세요.

1. Io sono basso.

   ➡ _____

   나는 키가 작다.
   나는 키가 작았다.

2. Tu sei carina.

   ➡ _____

   너는 귀엽다.
   너는 귀여웠어.

3. Il cielo di Firenze è azzurro.

   ➡ _____

   피렌체의 하늘은 파랗다.
   피렌체의 하늘은 파랬다.

2 다음 문장을 이탈리아어로 바꿔 말하고 적어 보세요.

1. 그 집은 오래되었다.

   ➡ _____

2. 15년 전, 너는 어땠니?

   ➡ _____

3. 10년 전, 마르코는 아주 조용했다.

   ➡ _____

 정답 문제 **1** 1. Io ero basso. / 2. Tu eri carina. / 3. Il cielo di Firenze era azzurro.
문제 **2** 1. La casa era vecchia. / 2. Quindici(15) anni fa, come eri? /
3. Dieci(10) anni fa, Marco era molto tranquillo.

Ripetizioni

1~15 제시된 한국어 문장을 뜻하는 이탈리아어 문장을 고르세요.

1 나는 친구들과 말하면서 파스타를 먹어.

a. Mangiando la pasta parlo con gli amici.

b. Mangio la pasta parlando con gli amici.

c. Sto mangiando la pasta con gli amici.

2 너희는 음악을 들으면서 커피를 마신다.

a. Prendendo un caffè ascoltate la musica.

b. Prendete un caffè ascoltare la musica.

c. Prendete un caffè ascoltando la musica.

3 너는 무엇을 하는 중이니?

a. Che cosa stai facendo?

b. Che cosa fai?

c. Che cosa facendo?

4 나는 너에 대해 생각하는 중이야.

a. Stai pensando a me.

b. Sto pensando a te.

c. Stiamo pensando a te.

5 너는 어제 무엇을 먹었니?

a. Che cosa stai mangiando oggi?

b. Che cosa sei mangiato ieri?

c. Che cosa hai mangiato ieri?

6 마르코가 그의 차를 어제 팔았대.

a. Marco ha comprato la sua macchina ieri.

b. Marco è venduto la sua macchina ieri.

c. Marco ha venduto la sua macchina ieri.

7 너는 어제 무엇을 했니?

a. Che cosa hai fatto ieri?

b. Che cosa ha fatto ieri?

c. Che cosa abbiamo fatto ieri?

8 나는 어제 두 권의 책을 읽었어.

a. Oggi ho letto due libri.

b. Ieri ho letto due libri.

c. Ieri hai letto due libri.

9 마르코는 밀라노에 갔어.

    a. Marco sono andati a Milano.

    b. Marco è andato a Milano.

    c. Marco è andata a Milano.

10 나는 7시에 일어났다.

    a. Mi sono alzato alle 7.

    b. Ti sei alzato alle 7.

    c. Ci siamo alzati alle 7.

11 나는 내 손들을 씻었다.

    a. Ti sei lavato le mani.

    b. Mi sono lavato le mani.

    c. Ci siamo lavati le mani.

12 어릴 적 너는 피아노를 연주하곤 했다.

    a. Da bambino, suonavi il pianoforte.

    b. Da bambino, suonavo il pianoforte.

    c. Da bambino, suonavamo il pianoforte.

13 우리는 해변을 따라 매일 달리곤 했다.

a. Correvamo lungo la spiaggia tutti i giorni.

b. Correvamo lungo la spiaggia.

c. Correvate lungo la spiaggia tutti i giorni.

14 너는 어릴 때 무엇을 하곤 했니?

a. Da bambino, cosa fai?

b. Da bambino, cosa hai fatto?

c. Da bambino, cosa facevi?

15 10년 전, 마르코는 아주 조용했어.

a. 10 anni fa, Marco erano molto tranquilli.

b. 10 anni fa, Marco era molto tranquillo.

c. 10 anni fa, Marco eri molto tranquilla.

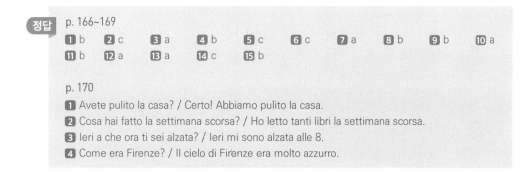

정답 p. 166~169

① b ② c ③ a ④ b ⑤ c ⑥ c ⑦ a ⑧ b ⑨ b ⑩ a
⑪ b ⑫ a ⑬ a ⑭ c ⑮ b

p. 170

① Avete pulito la casa? / Certo! Abbiamo pulito la casa.
② Cosa hai fatto la settimana scorsa? / Ho letto tanti libri la settimana scorsa.
③ Ieri a che ora ti sei alzata? / Ieri mi sono alzata alle 8.
④ Come era Firenze? / Il cielo di Firenze era molto azzurro.

복습 회화

대화를 이탈리아어로 말해 보세요. 그리고 말한 문장을 빈칸에 적어 보세요.

1. : 너희들은 집을 청소했니?

   _____

   : 당연하죠(certo)! 우리는 집을 청소했어요.

   _____

2. : 너는 지난주에 무엇을 했니?

   _____

   : 나는 지난주에 많은 책을 읽었어.

   _____

3. : 너는 어제 몇 시에 일어났니?

   _____

   : 나는 어제 8시에 일어났어.

   _____

4. : 피렌체는 어땠어?

   _____

   : 피렌체의 하늘은 아주 파랬어.

   _____

이탈리아 문화 돋보기

이탈리아 소도시 여행 #1: 로미오와 줄리엣의 도시, Verona

이탈리아 여행이라면 로마, 밀라노, 베네치아와 같은 대도시를 떠올리기 쉽지만, 이탈리아에는 고유하고 독특한 매력을 가진 소도시 또한 많이 존재합니다. 오늘은 그중 베네토 주에 속해있는 보석같은 소도시, 베로나(Verona)에 대해서 알아봅시다.

베로나는 윌리엄 셰익스피어의 작품 《로미오와 줄리엣》의 배경으로 잘 알려져 있습니다. 《로미오와 줄리엣》의 원작은 1531년에 비첸차(Vicenza) 출신의 귀족, 루이지 다 포르토(Luigi da Porto)가 발표한 소설로 보는 견해가 많습니다. 베로나 내 두 가문의 갈등을 모티브로 한 비

극적 사랑 이야기는 출간 즉시 인기를 얻었고, 여러 작가들의 손을 거쳐 다시 쓰여졌습니다. 셰익스피어는 로미오와 줄리엣의 이야기를 각색하여 1596년에 연극 무대에 올렸고, 이듬 해에는 희곡으로 펴냈습니다.

줄리엣의 집(Casa di Giulietta)은 베로나의 관광 명소 중 하나입니다. 이곳이 실제 캐플렛 가문이 살았던 장소라는 명확한 증거는 없지만, 많은 관광객들이 줄리엣의 집을 방문하여 두 젊은 남녀가 사랑을 속삭였던 장면을 상상하곤 합니다.

또 다른 베로나의 인기 관광지인 아레나 디 베로나(Arena di Verona)에서는 매년 6~9월에 오페라 페스티벌을 개최합니다. 페스티벌 기간에는 고대 로마 양식의 원형 극장에 앉아서 오페라 공연을 감상할 수 있습니다. 따뜻한 날씨와 베로나의 낭만적인 분위기, 그리고 이탈리아에서 탄생한 아름다운 오페라까지! 다음 이탈리아 여행에 베로나를 방문해보는 것은 어떨까요?

Lezione
26
ventisei

환상 속에서

Lezione 26 전체
원어민 음원 듣기

Nel sogno sono andata al mare!
나는 꿈 속에서 바다에 갔어.

Davvero? È un sogno dolce!
정말? 달콤한 꿈이구나!

준비 단어

🎧 MP3 26-02

🔖 **nel sogno**
[넬 쏜뇨]
꿈 속에서

🔖 **nella fantasia**
[넬라 (f)판타(z)지아]
환상 속에서

🔖 **al mare**
[알 마레]
바다로, 바다에

🔖 **all'ufficio**
[알륜(f)퓌쵸]
사무실로, 사무실에

🔖 **i miei genitori**
[이 미애이 줴니터리]
나의 부모님

🔖 **dei miei genitori**
[데이 미애이 줴니터리]
내 부모님의, 내 부모님에 대하여

🔖 **dalla spiaggia**
[달라 스피앗좌]
해변으로부터

🔖 **sulle nuvole**
[쑬레 누(v)보레]
구름들 위에, 구름들 위로

밑줄 쫙–
오늘의 문형 🎧 MP3 26-03

🍅 전치사는 명사나 동사원형 앞에 위치하여 명사의 뜻을 구체화하는 역할을 합니다.

in	~안에	**su**	~위에, ~에 대하여
a	~로, ~까지, (장소/시간)~에	**per**	~을 위하여, ~때문에
di	~의, ~에 대하여	**tra/fra**	~사이에, (시간) ~후에
da	~부터, ~로부터	**con**	~와

🍆 이탈리아어에서 일부 전치사는 명사 앞에 위치한 정관사와 결합하게 됩니다. 이러한 전치사 관사 형태로 사용되는 전치사는 in, a, di, da, su가 있습니다. 다음 전치사 관사 변화표를 소리 내어 읽어 보세요.

전치사 \ 정관사	il	lo	la	l'	i	gli	le
in	nel	nello	nella	nell'	nei	negli	nelle
a	al	allo	alla	all'	ai	agli	alle
di	del	dello	della	dell'	dei	degli	delle
da	dal	dallo	dalla	dall'	dai	dagli	dalle
su	sul	sullo	sulla	sull'	sui	sugli	sulle

전치사만 쓰인 경우

나는 해변에서 쉰다.

Mi riposo in spiaggia.

너는 집에서 쉰다.

Ti riposi a casa.

전치사 관사가 쓰인 경우

환상 속에서 나는 바다로 갔다. → 그 환상 속에서 / 나는 갔다 / 바다로

Nella fantasia sono andato al mare.

꿈 속에서 나는 사무실로 갔다. → 그 꿈 속에서 / 나는 갔다 / 사무실로

Nel sogno sono andato all'ufficio.

꿈 속에서 내 부모님의 사무실로 갔다.

Nel sogno sono andato all'ufficio dei miei genitori.

그 해변으로부터 그 사무실까지(로)

dalla spiaggia all'ufficio

해변으로부터 내 부모님의 사무실로 갔다.

Sono andato dalla spiaggia all'ufficio dei miei genitori.

환상 속에서 나는 구름 위로 갔다.

Nella fantasia sono andato sulle nuvole.

정말 달콤해! 나는 꿈 속에서 바다에 갔어!
Che dolce! Nel sogno sono andato al mare!

정말? 달콤한 꿈이구나!
Davvero? È un sogno dolce!

너는 어제 뭐 했니?
Ieri cosa hai fatto?

어제 나는 바다에서 쉬었어.
Ieri mi sono riposato al mare.

그리고 해변에서 내 부모님의 집으로 갔어.
E poi sono andato dalla spiaggia alla casa dei miei genitori.

 자주 쓰이는 시간 부사를 알아봅시다.

| e poi [에 퍼이] | 그 다음에, 그리고 |
| tra/fra poco [트라/(f)프라 퍼코] | 조금 뒤에, 잠시 후에 |

콕콕 실력 확인
연습 문제

1 빈칸에 알맞은 전치사 관사를 넣어 문장 또는 표현을 완성해 보세요.

1. Sono andato _____ mare. 나는 바다로 갔다.

2. _____ sogno sono andato _____ ufficio. 꿈 속에서 사무실로 갔다.

3. _____ spiaggia _____ ufficio 해변으로부터 사무실까지

2 다음 문장을 이탈리아어로 바꿔 말하고 적어 보세요.

1. 환상 속에서 구름 위로 갔다.
   ➡ _____

2. 나는 꿈 속에서 바다로 갔다.
   ➡ _____

3. 달콤한 꿈이구나!
   ➡ _____

정답 문제 **1** 1. al / 2. Nel, all' / 3. dalla, all'
문제 **2** 1. Nella fantasia sono andato/a sulle nuvole. / 2. Nel sogno sono andato/a al mare. /
3. È un sogno dolce!

Lezione

27
ventisette

내년에 이탈리아를 여행할 것이다.

Lezione 27 전체
원어민 음원 듣기

한 눈에 쏙! 오늘의 표현

Che cosa farete l'anno prossimo?
NEW YEAR

내년에 너희는 무엇을 할 거니?

L'anno prossimo viaggeremo in Italia.

내년에 우리는 이탈리아를 여행할 거야.

준비 단어

🎧 MP3 27-02

🎙️ l'anno prossimo [란노 프럿시모]	내년, 내년에	🎙️ la settimana prossima [라 쎌티마나 프럿시마]	다음 주, 다음 주에
🎙️ viaggiare [(v)뷔앚좌레]	여행하다	🎙️ dormire [도르미레]	자다
🎙️ vendere [(v)뷀데레]	팔다, 판매하다	🎙️ fare [(f)퐈레]	하다, 만들다, ~하게 하다

🍅 단순미래 시제는 앞으로 일어날 행동을 나타낼 때 쓰입니다. 단순미래 시제의 동사는 주어의 인칭과 수에 따라 다음과 같이 변화합니다.

-are/-ere		-ire	
-erò	-eremo	-irò	-iremo
-erai	-erete	-irai	-irete
-erà	-eranno	-irà	-iranno

🍅 다음 세 동사의 단순미래 변화표를 소리 내어 읽어 보세요.

viaggiare 여행하다 → 여행할 것이다

Io	viaggerò	Noi	viaggeremo
Tu	viaggerai	Voi	viaggerete
Lui/Lei/Lei	viaggerà	Loro	viaggeranno

vendere 팔다, 판매하다 → 팔 것이다, 판매할 것이다

Io	venderò	Noi	venderemo
Tu	venderai	Voi	venderete
Lui/Lei/Lei	venderà	Loro	venderanno

dormire 자다 → 잘 것이다

Io	dormirò	Noi	dormiremo
Tu	dormirai	Voi	dormirete
Lui/Lei/Lei	dormirà	Loro	dormiranno

나는 이탈리아를 여행할 것이다.

Viaggerò in Italia.

내년에 나는 이탈리아를 여행할 것이다.

L'anno prossimo viaggerò in Italia.

다음 주에 너는 나폴리를 여행할 것이다.

La settimana prossima viaggerai a Napoli.

마리아는 티라미수를 팔 것이다.

Maria venderà il tiramisù.

내일 너희는 무엇을 팔 것이니?

Che cosa venderete domani?

우리는 다음 주에 자동차를 팔 것이다.

La settimana prossima venderemo la macchina.

토요일에 나는 하루 종일 잘 것이다.

Sabato dormirò tutto il giorno.

우리는 늦게 잘 것이다.

Dormiremo tardi.

휴가 때, 너희는 늦게 잘 거니?

Durante le vacanze, dormirete tardi?

Flory's Tip

fare 동사는 단순미래 시제로 사용할 때 불규칙하게 변화하는 점에 주의하세요.

Io farò, Tu farai, Lui/Lei/Lei farà, Noi faremo, Voi farete, Loro faranno

예 너는 내일 무엇을 할 거니? Che cosa farai domani?

내년에 너희는 무엇을 할 거니?
Che cosa farete l'anno prossimo?

내년에 우리는 이탈리아를 여행할 거야.
L'anno prossimo viaggeremo in Italia.

너는 다음 주에 뭐 할 거니?
Che cosa farai la settimana prossima?

나는 다음 주에 자동차를 팔 거야.
La settimana prossima venderò
la macchina.

그리고 토요일에 하루 종일 잘 거야.
E sabato dormirò tutto il giorno.

 한 마디 plus+   놀라운 일에 이렇게 반응해 보세요.

il mese prossimo [일 메(z)제 프럿시모]   다음 달

Incredibile! [인크레디비레]   놀라워라!, 믿을 수 없어!

연습 문제

1 다음 문장을 <u>단순미래 시제</u>의 문장으로 바꿔 보세요.

1. Viaggio in Italia.

   ➡ _____

   나는 이탈리아를 여행한다.

   나는 이탈리아를 여행할 것이다.

2. Maria vende il tiramisù.

   ➡ _____

   마리아는 티라미수를 판다.

   마리아는 티라미수를 팔 것이다.

3. Sabato dormo tutto il giorno.

   ➡ _____

   토요일에 나는 하루 종일 잔다.

   토요일에 나는 하루 종일 잘 것이다.

2 다음 문장을 이탈리아어로 바꿔 말하고 적어 보세요.

1. 나는 내년에 이탈리아를 여행할 것이다.

   ➡ _____

2. 우리는 다음 주에 자동차를 팔 것이다.

   ➡ _____

3. 휴가 동안 그는 하루 종일 잘 것이다.

   ➡ _____

 정답 문제 **1** 1. Viaggerò in Italia. / 2. Maria venderà il tiramisù. / 3. Sabato dormirò tutto il giorno.
문제 **2** 1. L'anno prossimo viaggerò in Italia. / 2. La settimana prossima venderemo la macchina. /
3. Durante le vacanze, dormirà tutto il giorno.

Lezione
28
ventotto

모든 것이 다
잘 될 거야!

Lezione 28 전체
원어민 음원 듣기

L'anno prossimo avrò ventidue anni.

내년에 나는 22살이 돼.

Tutto andrà bene!

모든 것이 다 잘 될 거야!

준비 단어

🎧 MP3 28-02

l'anno prossimo [란노 프럿시모]	내년, 내년에	
la bistecca [라 비스텍카]	스테이크	
felice [(f)펠리췌]	행복한	
bello [밸로]	아름다운, 예쁜	

con il tiramisù [콘 일 티라미쑤]	티라미수와 함께	
ventidue [(v)벤티두에]	숫자 22	
andare [안다레]	가다	
tutto [퉅토]	모든 것, 모두, 모든	

밑줄 짝-
오늘의 문형 🎧 MP3 28-03

🍅 단순미래 시제는 현재나 미래의 추측을 나타낼 때도 사용합니다. 추측의 의미로 사용된 단순미래형 동사는 '~일 것이다, ~할 것이다'로 해석할 수 있습니다.

> 너는 행복할 거야. → 너는 ~일 것이다 / 행복한
> ## Sarai felice.

🍅 essere, avere, andere는 미래 시제에서 불규칙하게 변화합니다. 세 동사의 단순미래 변화 표를 소리 내어 읽어 보세요.

essere ~이다, ~에 있다 → ~일 것이다, ~에 있을 것이다

Io	sarò	Noi	saremo
Tu	sarai	Voi	sarete
Lui/Lei/Lei	sarà	Loro	saranno

avere 가지다 → 가질 것이다

Io	avrò	Noi	avremo
Tu	avrai	Voi	avrete
Lui/Lei/Lei	avrà	Loro	avranno

andare 가다 → 갈 것이다

Io	andrò	Noi	andremo
Tu	andrai	Voi	andrete
Lui/Lei/Lei	andrà	Loro	andranno

내년에 나는 이탈리아에 있을 것이다.

L'anno prossimo sarò in Italia.

티라미수를 먹으면 너는 행복할 거야. → 티라미수와 함께 / 너는 ~일 것이다 / 행복한

Con il tiramisù sarai felice.

이 스테이크는 아주 맛있을 거야.

Questa bistecca sarà molto buona.

로마는 아주 아름다울 것이다.

Roma sarà molto bella.

내년에 너는 몇 살이 될 거니?

L'anno prossimo quanti anni avrai?

나는 22살이 될 거야.

Avrò ventidue anni.

내년에 우리는 집을 갖게 될 거야.

L'anno prossimo avremo una casa.

휴가로 우리는 시칠리아에 갈 거야.

Per le vacanze andremo in Sicilia.

그들은 내년에 스페인에 갈 거래.

L'anno prossimo andranno in Spagna.

모든 것이 다 잘 될 거야! → 모든 것 / 갈 것이다 / 잘

Tutto andrà bene!

너 내년에 35살이 되는구나!
L'anno prossimo avrai **trentacinque anni!**

맞아. 내년에 나는 35살이 될 거야.
Sì. L'anno prossimo avrò **trentacinque anni.**

그리고 이탈리아로 갈 거야.
E andrò **in Italia.**

너는 다음 주에 휴가로 어디에 갈 거니?
La settimana prossima dove andrai **per le vacanze?**

나는 다음 주에 휴가로 로마에 갈 거야.
La settimana prossima andrò **a Roma per le vacanze.**

로마는 아주 아름다울 거야!
Roma sarà **molto bella!**

 궁금한 미래에 대해 이렇게 질문해 보세요.

il futuro [일 (f)푸투로]	미래
Che sarà? [케 싸라]	무엇일까?, 무엇이 될까?

연습 문제

1 다음 문장을 단순미래 시제의 문장으로 바꿔 보세요.

1. Questa bistecca è molto buona.

   ➡ _____

   이 스테이크는 아주 맛있다.

   이 스테이크는 아주 맛있을 거야.

2. Per le vacanze andiamo in Sicilia.

   ➡ _____

   휴가로 우리는 시칠리아에 간다.

   휴가로 우리는 시칠리아에 갈 것이다.

3. Vanno in Spagna.

   ➡ _____

   그들은 스페인에 간다.

   그들은 스페인에 갈 것이다.

2 다음 문장을 이탈리아어로 바꿔 말하고 적어 보세요.

1. 로마는 아주 아름다울 거야.

   ➡ _____

2. 내년에 나는 22살이 될 거야.

   ➡ _____

3. 모든 것이 다 잘 될 거야!

   ➡ _____

정답 문제 **1** 1. Questa bistecca sarà molto buona. / 2. Per le vacanze andremo in Sicilia. /
3. Andranno in Spagna.
문제 **2** 1. Roma sarà molto bella. / 2. L'anno prossimo avrò 22 anni. / 3. Tutto andrà bene!

Lezione
29
ventinove

먹고, 기도하고, 사랑하라!

Lezione 29 전체
원어민 음원 듣기

한 눈에 쏙! 오늘의 표현

> **Finisci la pasta e la bistecca.**
> 이 파스타와 스테이크를 다 먹으렴.

> **Oh, nonna! Non posso mangiare tutto...**
> 오, 할머니! 저는 다 먹을 수 없어요...

준비 단어

🎧 MP3 29-02

🎙 **Biancaneve** [비안카네(v)붸]	백설공주	🎙 **l'animale** [라니마레]	동물
🎙 **la mela** [라 메라]	사과	🎙 **pregare** [쁘레가레]	기도하다
🎙 **la verdura** [라 (v)붸ㄹ두라]	채소	🎙 **subito** [쑤비토]	곧바로
🎙 **amare** [아마레]	사랑하다	🎙 **prima dell'esame** [쁘리마 델레(z)자메]	시험 전에
🎙 **il nemico** [일 네미코]	원수		

밑줄 쫙-
오늘의 문형 🎧 MP3 29-03

🍅 긍정 명령법은 상대가 현재 또는 미래에 어떤 행동을 하도록 명령할 때 사용합니다. 긍정 명령형으로 동사를 변화시킬 때 따르는 규칙은 다음과 같습니다.

	Tu	Lei 당신	Noi	Voi	Loro 당신들
-are	-a	-i	-iamo	-ate	-ino
-ere	-i	-a	-iamo	-ete	-ano
-ire	-i (-isci)	-a (-isca)	-iamo	-ite	-ano (-iscano)

[1] 나 스스로에게는 명령하지 않으므로 긍정 명령법에서 주어가 '나'인 경우는 변화형이 없습니다.
[2] 현대 이탈리아어에서는 존칭으로 3인칭 복수를 거의 사용하지 않습니다.
[3] 주어가 Noi/Voi일 때 사용하는 긍정 명령형은 현재형 변화와 형태가 같습니다.

🍅 다음 여섯 동사의 긍정 명령법 변화표를 소리 내어 읽어 보세요.

	Tu	Lei	Noi	Voi
mangiare	mangia	mangi	mangiamo	mangiate
amare	ama	ami	amiamo	amate
pregare	prega	preghi	preghiamo	pregate
leggere	leggi	legga	leggiamo	leggete
partire	parti	parta	partiamo	partite
finire	finisci	finisca	finiamo	finite

매일 사과 하나를 먹어라! → 너는 먹어라 / 하나의 사과를 / 매일

Mangia una mela tutti i giorni!

백설공주여, 이 사과를 드세요! → 백설공주, / 당신은 드세요 / 이 사과를

Biancaneve, mangi questa mela!

채소를 먹자! → 우리는 먹자 / 채소들을

Mangiamo le verdure!

너의 원수를 사랑하라!

Ama il tuo nemico!

동물들을 사랑하세요!

Ami gli animali!

부모님을 사랑하세요!

Amate i vostri genitori!

시험 전에 기도하렴!

Prega prima dell'esame!

이 책을 읽어라!

Leggi questo libro!

부탁인데, 이 책들을 읽으세요.

Legga questi libri, per favore.

너희는 곧바로 출발해라!

Partite subito!

이 파스타를 다 먹어라!

Finisci questa pasta!

Flory's Tip

'~ 전에'라는 의미는 'prima di + 명사/동사원형'의 문형으로 나타낼 수 있습니다. 이때 전치사 di가
명사 앞에 위치한 정관사과 결합되는 형태에 주의하세요.

예 자기 전에 prima di dormire
시험 전에 prima di + l'esame → prima dell'esame

실력이 쭈~욱
오늘의 회화 🎧 MP3 29-04

이 파스타와 스테이크를 다 먹으렴.
Finisci la pasta e la bistecca.

그리고 야채들을 먹어야지!
E mangia le verdure!

오, 할머니! 저는 다 먹을 수 없어요...
Oh, nonna! Non posso mangiare tutto...

할머니, 내일 저 시험이 있어요.
Nonna, ho un esame domani.

그러면 이 스테이크를 먹으렴.
Allora mangia la bistecca.

자기 전에 책을 읽으렴.
Leggi i libri prima di dormire.

시험 보기 전에 기도하렴!
Prega prima dell'esame!

 한 마디 plus+   위험한 상황에는 이렇게 경고해 보세요.

lo specchio [로 스펙키오]	거울
Sta' attento/a! [스타 얕탠토/타]	조심해!

콕콕 실력 확인

연습 문제

1 다음 문장을 <u>긍정 명령법</u>의 문장으로 바꿔 보세요.

1. Lei legge questi libri.   당신은 이 책들을 읽는다.

   ➡ _____   이 책들을 읽으세요!

2. Tu preghi prima dell'esame.   너는 시험 전에 기도한다.

   ➡ _____   너는 시험 전에 기도해라!

3. Voi amate i vostri genitori.   너희는 부모님을 사랑한다.

   ➡ _____   부모님을 사랑하세요!

2 다음 문장을 이탈리아어로 바꿔 말하고 적어 보세요.

1. 먹고, 기도하고, 사랑하라!

   ➡ _____

2. 매일 사과 하나를 먹어라!

   ➡ _____

3. 부탁인데, 이 책들을 읽으세요.

   ➡ _____

> **정답** 문제 **1** 1. Legga questi libri! / 2. Prega prima dell'esame! / 3. Amate i vostri genitori!
> 문제 **2** 1. Mangia, prega, ama! / 2. Mangia una mela tutti i giorni! / 3. Legga questi libri, per favore.

Lezione 30
Ripetizioni

1~15 제시된 한국어 표현을 뜻하는 이탈리아어 구 또는 문장을 고르세요.

1 꿈 속에서

　a. in il sogno

　b. inil sogno

　c. nel sogno

2 환상 속에서 나는 바다로 갔다.

　a. In la fantasia sono andato al mare.

　b. Nella fantasia sono andato a il mare.

　c. Nella fantasia sono andato al mare.

3 그 해변으로부터 그 사무실까지

　a. da la spiaggia all'ufficio

　b. dalla spiaggia a l'ufficio

　c. dalla spiaggia all'ufficio

4 내년에 나는 이탈리아를 여행할 것이다.

　a. L'anno prossimo viaggerò in Italia.

　b. L'anno prossimo viaggiavo in Italia.

　c. L'anno prossimo ho viaggiato in Italia.

5 다음 주에 너는 나폴리를 여행할 것이다.

    a. La settimana prossima viaggerò a Napoli.

    b. La settimana prossima viaggerai a Napoli.

    c. La settimana prossima viaggerà a Napoli.

6 토요일에 나는 하루 종일 잘 것이다.

    a. Sabato ho dormito tutto il giorno.

    b. Sabato dormivo tutto il giorno.

    c. Sabato dormirò tutto il giorno.

7 너는 내일 무엇을 할 거니?

    a. Che cosa hai fatto ieri?

    b. Che cosa stai facendo?

    c. Che cosa farai domani?

8 내년에 나는 이탈리아에 있을 것이다.

    a. L'anno prossimo sono stato in Italia.

    b. L'anno prossimo sarò in Italia.

    c. L'anno prossimo sono in Italia.

9 티라미수를 먹으면 너는 행복할 거야.

    a. Con il tiramisù sarò felice.

    b. Con il tiramisù sarai felice.

    c. Con il tiramisù sarà felice.

10 로마는 아주 아름다울 것이다.

    a. Roma è molto bella.

    b. Roma era molto bella.

    c. Roma sarà molto bella.

11 내년에 우리는 집을 갖게 될 거야.

    a. L'anno prossimo abbiamo una casa.

    b. L'anno prossimo abbiamo avuto una casa.

    c. L'anno prossimo avremo una casa.

12 모든 것이 다 잘 될 거야!

    a. Tutto va bene!

    b. Tutto andrà bene!

    c. Tutto è andato bene!

13 백설공주님, 이 사과를 드세요!

a. Biancaneve, mangia questa mela!

b. Biancaneve, mangi questa mela!

c. Biancaneve, mangiamo questa mela!

14 여러분의 부모님을 사랑하세요!

a. Ama i vostri genitori!

b. Amiamo i vostri genitori!

c. Amate i vostri genitori!

15 이 파스타를 다 먹어라!

a. Finisci questa pasta!

b. Finisca questa pasta!

c. Finisco questa pasta!

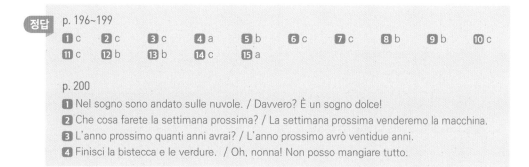

정답 p. 196~199

1 c **2** c **3** c **4** a **5** b **6** c **7** c **8** b **9** b **10** c
11 c **12** b **13** b **14** c **15** a

p. 200

1 Nel sogno sono andato sulle nuvole. / Davvero? È un sogno dolce!
2 Che cosa farete la settimana prossima? / La settimana prossima venderemo la macchina.
3 L'anno prossimo quanti anni avrai? / L'anno prossimo avrò ventidue anni.
4 Finisci la bistecca e le verdure. / Oh, nonna! Non posso mangiare tutto.

복습 회화

대화를 이탈리아어로 말해 보세요. 그리고 말한 문장을 빈칸에 적어 보세요.

1. : 나는 꿈 속에서 구름 위로 갔어.

   _____

   : 정말(davvero)? 달콤한 꿈이구나!

   _____

2. : 너희는 다음 주에 뭐 할 거니?

   _____

   : 우리는 다음 주에 자동차를 팔 거야.

   _____

3. : 내년에 너는 몇 살이 될 거니?

   _____

   : 내년에 나는 22살이 될거야.

   _____

4. : 이 스테이크와 야채들을 다 먹으렴.

   _____

   : 오, 할머니! 저는 다 먹을 수 없어요.

   _____

이탈리아 문화 돋보기

이탈리아 소도시 여행 #2: 호수를 품은 도시, Como

이탈리아 패션과 상업의 중심지로 널리 알려진 밀라노지만, 대다수 관광객들은 밀라노에서 여행 일정을 짧게 잡는 경향이 있습니다. 밀라노 주변에는 아직 많이 알려지지 않은 아름다운 소도시들이 존재하는데요. 오늘은 그 중 하나인 코모를 소개합니다.

알프스 산맥의 남쪽에 위치한 코모는 밀라노에서 기차로 약 50분이면 닿는 호반 도시입니다. 코모의 도심에는 웅장한 코모 대성당(Duomo di Como)이 있습니다. 코모 대성당은 1396년 건축을 시작하여 1700년대 중반에 완공되었습니다. 외벽의 섬세한 조각상과 내부의 화려한 천장화, 경건한 분위기를 자아내는 태피스트리(직물 공예)까지 다양한 건축, 예술 양식이 한데 어우러진 성당으로 유명합니다.

코모의 또 다른 명소로는 볼트 광장(Piazza Volta)이 있습니다. 이곳은 전지를 처음 개발한 코모 출신의 과학자, 알레산드로 볼타(Alessandro Volta, 1745-1827)의 이름을 딴 광장입니다. 코모 사람들의 대표적인 약속 장소이기도 한 볼트 광장에는 아페리티보를 할 수 있는 다양한 바와 레스토랑이 밀집해 있습니다.

코모에서 유람선을 타고 호수를 한 시간 가량 건너면 벨라죠(Bellagio)라는 도시에 도착합니다.

벨라죠는 3600명 가량의 적은 인구가 사는 도시이지만, 눈과 마음을 사로잡는 호수의 풍경 덕분에 전 세계 유명인들이 최고로 손꼽는 휴양지이기도 합니다.

다음 휴가는 아름다운 호반 도시, 코모와 벨라죠로 떠나보시면 어떨까요?

한마디 plus+

실생활에서 자주 쓰이는 어휘 및 표현을 정리해 봅시다.

Vocabolario: 남성 명사

il cognome	[일 콘뇨메]	성
복수 i cognomi [이 콘뇨미]		
il futuro	[일 (f)푸투로]	미래
응용 Che cosa farai in futuro? [케 커(z)자 (f)파라이 인 (f)푸투로]		앞으로 무엇을 할 예정이야?
il miele	[일 미에레]	꿀
응용 la luna di miele [라 루나 디 미에레]		신혼여행, 허니문
il passato	[일 팟사토]	과거
응용 il passato e il presente [일 팟사토 에 일 프레(z)잰테]		과거와 현재
il regalo	[일 (r)레가로]	선물
복수 i regali [이 (r)레가리]		
응용 Grazie per il regalo! [그랕치에 페르 일 (r)레가로]		선물 고마워!
il ricordo	[일 (r)리코르도]	추억, 기억
복수 i ricordi [이 (r)리코르디]		
응용 i bei ricordi [이 베이 (r)리코르디]		아름다운 기억들
i brutti ricordi [이 브룯티 (r)리코르디]		나쁜 기억들
il silenzio	[일 씰렌치오]	침묵, 조용함
응용 Il silenzio è d'oro. [일 씰렌치오 애 도로]		침묵은 금이다.
l'amore	[라모레]	사랑
복수 gli amori [리 아모리]		
응용 È il mio primo amore. [애 일 미오 프리모 아모레]		나의 첫사랑이야.
l'arrivo	[라(rr)리(v)보]	도착
복수 gli arrivi [리 아(rr)리(v)비]		

l'autobus	[라우토부쓰]	버스
복수 gli autobus [리 아우토부쓰]		
응용 Andiamo in autobus! [안디아모 인 아우토부쓰]		버스 타고 가자!

lo specchio	[로 스펙키오]	거울
복수 gli specchi [리 스펙키]		

lo stato	[로 스타토]	상태
		*대문자 S로 쓰인 lo Stato: 국가
복수 gli stati [리 스타티]		
응용 gli Stati Uniti [리 스타티 우니티]		미국(the United States)

Vocabolario: 여성 명사 & 기타

la camicia	[라 카미챠]	셔츠
복수 le camicie [레 카미체]		
응용 Vuoi questa camicia? [부어이 쿠에스타 카미챠]		이 셔츠를 원하시나요?

la campagna	[라 캄판냐]	시골
복수 le campagne [레 캄판녜]		
응용 Mia nonna abita in campagna. [미아 논나 아비타 인 캄판냐] 우리 할머니는 시골에 살고 계셔.		

la domanda	[라 도만다]	질문
복수 le domande [레 도만데]		
응용 Non capisco la tua domanda. [논 카피스코 라 투아 도만다]		너의 질문을 이해 못 했어.

la parola	[라 파러라]	단어, 말
복수 le parole [레 파러레]		
응용 Come si scrive la parola? [코메 씨 ㅅ크리(v)붸 라 파러라]		그 단어는 어떻게 써?

la sorella	[라 쏘랠라]	자매, 언니, 누나

복수 le sorelle [레 쏘랠레]

응용 la sorella minore [라 쏘랠라 미노레]   여동생
la sorella maggiore [라 쏘랠라 맞죠레]   언니, 누나

la sveglia	[라 (z)즈(v)뷀리아]	기상 알람

복수 le sveglie [레 (z)즈(v)뷀리에]

crescendo	[크레쉔도]	커지면서, 성장하면서

반의어 decrescendo [데크레쉔도]   작아지면서

e poi	[에 퍼이]	그 다음에, 그리고

응용 Ho fatto colazione e poi sono uscito. [어 (f)퐡토 코랕치오네 에 퍼이 쏘노 우쉬토]
나는 아침을 먹은 다음에 나갔다.

il mese prossimo	[일 메(z)제 프럿시모]	다음 달

응용 i mesi [이 메(z)지]   달들(months)
il mese scorso [이 메(z)제 ㅅ코르쏘]   지난달

l'altro ieri	[랄트로 이애리]	그저께

응용 dopodomani [도포도마니]   모레
un altro giorno [운 알ㅌ로 죠르노]   다른 날

la casa mia	[라 카(z)자 미아]	나의 집

응용 le case [레 카(z)제]   집들
La mia casa è vicina al parco. [라 미아 카(z)자 애 (v)뷔취나 알 파르코]
나의 집은 공원에 가까워.

mancare	[망카레]	부족하다, 허전하다, 필요하다

응용 Mi manca mia madre. [미 망카 미아 마드레]   나는 어머니가 그리워.

ogni tanto	[온니 탄토]	때때로

응용 Mi scrive ogni tanto. [미 ㅅ크리(v)붸 온니 탄토]   그는 내게 가끔 편지를 써.

sapere	[싸페레]	(지식적으로) 알다

응용 Io so tutto. [이오 쏘 툳토]   나는 모든 것을 알아.

subito	[쑤비토]	곧 바로
응용 Vai subito! [(v)봐이 쑤비토]		지금 바로 가!
tra/fra poco	[트라/(f)프라 퍼코]	조금 뒤에, 잠시 후에
응용 A tra poco. [아 트라 퍼코]		곧 보자(See you in a bit).
Fra poco è il mio compleanno. [(f)프라 퍼코 애 일 미오 콤프레안노]		곧 내 생일이야.

Alzati!	[알(z)차티]	일어나!
Buone vacanze!	[부어네 (v)봐칸체]	좋은 휴가 보내!
Certamente!	[췌르타멘테]	당연하지!, 당연히!
Che memoria!	[케 메모리아]	기억력 좋다!
Che sarà?	[케 싸라]	무엇일까?, 무엇이 될까?
Così così.	[코(z)지 코(z)지]	그냥 그래.
Dimmelo.	[딤메로]	나한테 그것을 얘기해 줘.
Esatto!	[에(z)잗토]	맞아!, 확실해!, 바로 그거야!
Hai capito?	[아이 카피토]	이해했어?
Hai fatto bene!	[아이 (f)퐡토 배네]	잘 했어!

Incredibile!	[인크레디비레]	놀라워라!, 믿을 수 없어!
Mi manchi tu!	[미 망키 투]	네가 보고싶어!, 네가 그리워!
Mi scusi!	[미 스쿠(z)지]	저를 용서하세요!, 죄송합니다!
Molto piacere!	[몰토 피아췌레]	정말 반가워요!
Non lo sapevo!	[논 로 싸페(v)보]	몰랐어!
Per piacere.	[페르 피아췌레]	부탁합니다., ~해주세요.
Piano piano!	[피아노 피아노]	천천히 천천히!, 살살해!
Presente!	[프레(z)잰테]	출석했어요!
Quando ero giovane...	[쿠안도 애로 죠(봐)네]	내가 젊었을 때는 말이야...
Quanto sei elegante!	[쿠안토 쌔이 엘레간테]	정말 우아해!, 정말 멋있어!
Sta' attento/a!	[스타 앝탠토/타]	조심해!
Tanti auguri!	[탄티 아우구리]	축하해!, 축복해!
Ti amo.	[티 아모]	너를 사랑해.
Ti voglio bene!	[티 볼리오 배네]	너를 애정해!

MEMO

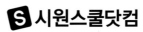